Wilhelm Josef Eichhoff

Die Internationale Arbeiterassociation

Ihre Gründung, Organisation, politische-sociale Thätigkeit und Ausbreitung

Wilhelm Josef Eichhoff

Die Internationale Arbeiterassociation
Ihre Gründung, Organisation, politische-sociale Thätigkeit und Ausbreitung

ISBN/EAN: 9783743453395

Hergestellt in Europa, USA, Kanada, Australien, Japan

Cover: Foto ©Suzi / pixelio.de

Manufactured and distributed by brebook publishing software (www.brebook.com)

Wilhelm Josef Eichhoff

Die Internationale Arbeiterassociation

Die

Internationale Arbeiterassociation.

Ihre Gründung, Organisation, politisch-sociale Thätigkeit und Ausbreitung.

Von

Wilhelm Eichhoff.

Berlin.
Verlag von Albert Eichhoff.
1868.

1. Stiftung der Association.

Der unmittelbare Anlaß zur Gründung der internationalen Arbeiterassociation war die letzte polnische Insurrection. Die Londoner Arbeiter hatten eine Deputation an Lord Palmerston geschickt, mit einer Adresse, worin sie ihn aufforderten, für Polen einzuschreiten. Sie erließen gleichzeitig einen Aufruf an die Pariser Arbeiter, diese zu gemeinschaftlichem Wirken auffordernd. Die Pariser sandten darauf Deputirte nach London. Zu ihrem Empfang fand am 28. September 1864 ein öffentliches Meeting in St. Martins Hall, Long Acre statt, auf welchem Engländer, Deutsche, Franzosen, Polen und Italiener zahlreich vertreten waren.

Dies Meeting war die Geburtsstätte der internationalen Arbeiterassociation. Es brachte außer dem politischen Zweck, der es zusammengeführt hatte, auch allgemeine sociale Verhältnisse zur Sprache. Es förderte aus den Arbeitern aller Nationen dieselben Beschwerden, in allen Ländern dieselben Grundübel zu Tage. Es bewies die Uebereinstimmung der Interessen Aller. Es erwählte einen provisorischen Centralrath, der später die Bezeichnung Generalrath (General Council, Conseil Général) annahm, zu London residirte und aus den verschiedenen Nationalitäten zusammengesetzt war. Er wurde beauftragt mit der provisorischen Centralverwaltung der zu gründenden Association, mit der Veröffentlichung einer Inauguraladresse, (einer Art Programm,) und mit dem Entwurf der provisorischen Statuten.

Auf dem Meeting herrschte Einstimmigkeit und Enthusiasmus. Jede Nation war durch ihrer würdige Repräsentanten vertreten. Der Erfolg war, daß die englischen Arbeiter, welche seit dem Jahr 1824, wo ihnen die Gesetzgebung das Recht der Association hatte zugestehen müssen, ihren Kampf gegen die herrschenden Klassen unabhängig von und unbeeinflußt durch die politischen und socialen Bewegungen des übrigen Europa geführt hatten, jetzt zum ersten Mal aus ihrer nationalen Abgeschlossenheit heraustraten und sich mit Arbeitern aller Nationen über die Nothwendigkeit gemeinsamen Wirkens verständigten. Daher die Begeisterung: man war sich bewußt, eine neue Aera der Arbeiterbewegung zu eröffnen.

---

2. Schwierigkeiten im Beginn der Association.

Neue Bewegungsformen werden nicht an einem Tage geschaffen, selbst wenn sie ein dringendes Zeitbedürfniß zu erfüllen bestimmt sind. Vor Allem ist eine Klippe zu vermeiden, an welcher neue Organisationen schon häufig gescheitert, zum Mindesten von ihrem ursprünglichen und eigentlichen Ziel abgelenkt worden sind: Repräsentanten untergehender Bewegungsformen schließen sich dem Neuen an, um es zum Vehikel des Alten zu machen. So auch hier. Die italienischen Mitglieder des provisorischen Centralraths waren Anhänger Mazzini's. Sie legten dem Centralrath einen von Mazzini selbst verfaßten Entwurf der Inauguraladresse und der provisorischen Statuten vor. In seiner Adresse wiederholte Mazzini sein altbekanntes politisches Programm, verbrämt mit etwas socialistischer Phraseologie. Er donnerte gegen den Klassenkampf. Seine Statuten waren abgefaßt in der streng centralistischen Weise, wie sie für politische Verschwörungsgesellschaften paßt, dagegen von vornherein die Lebensbedingungen einer internationalen Arbeiterassociation vernichten würde, welche nicht eine Bewegung zu schaffen, sondern nur die in verschiedenen Ländern bereits vorhandene und verzettelte Klassenbewegung zu einigen und zu verbinden hat.

Der Name Mazzini's besaß damals in der englischen Arbeiterklasse guten Klang, namentlich seit dem Triumphzug Garibaldi's in London. Daher rechnete Mazzini mit ziemlicher Sicherheit darauf, sich der internationalen Arbeiterassociation zu bemächtigen. Aber er hatte die Rechnung ohne den Wirth gemacht. Karl Marx, auf dem Meeting in St. Martin's Hall zum Mitglied des proviforischen Centralraths erwählt, legte seinerseits, gegen Mazzini, eine von ihm verfaßte Inauguraladresse und provisorische Statuten vor. Beide wurden einstimmig angenommen und veröffentlicht, und seine provisorischen Statuten erhielten später auf dem Congreß zu Genf (1866) definitive Sanction.

Es ist also ein Deutscher, welcher der nationalen Arbeiterassociation ihre bestimmte Tendenz und Organisation gegeben hat. Es sei hier gleich bemerkt, daß der Centralrath zu London fortwährend wieder in seiner Function bestätigt wurde.

---

3. Die Inauguraladresse von Karl Marx.

Diese lautet in möglichst wortgetreuer Uebersetzung des englischen Originals folgendermaßen:

Männer der Arbeit!

Es ist eine große Thatsache, daß das Elend der Arbeiterklassen sich in den Jahren 1848—1864 nicht vermindert hat, obgleich gerade diese Periode in den Annalen der Geschichte beispiellos dasteht in Bezug auf die Entwicklung ihrer Industrie und das Wachsthum ihres Handels. Im Jahr 1850 prophezeihte ein gemäßigtes Organ der britischen Bourgeoisie, anscheinend im Besitz von mehr als gewöhnlichen Kenntnissen, daß wenn die Aus- und Einfuhr England's um 50 Procent steigen, der Pauperismus in England auf den Nullpunct sinken würde. Aber ach! Am 7. April 1864 entzückte Mr. Gladstone, der englische Schatzkanzler, seine Zuhörerschaft durch den Nachweis, daß der Gesammtwerth der englischen Ein- und Ausfuhr im Jahr 1863 auf 443,955,000 Pfund Sterling angeschwollen sei, eine Summe, welche ungefähr den dreifachen Betrag des Umsatzes in dem verhältnißmäßig erst vor Kurzem verflossenen Jahr 1843 ausmache. Bei alledem aber war er genöthigt, auch des socialen Elends zu gedenken. Er mußte sprechen von Denjenigen, die an der Grenze der Hungersnoth angelangt seien, von Arbeitslöhnen, die um keinen Pfennig gestiegen seien, vom menschlichen Leben, welches in neun Fällen unter zehn nur ein Kampf um die tägliche Existenz sei. Er sprach nicht von der Bevölkerung Irland's, welche im Norden nach und nach durch Maschinen, im Süden durch Schafheerden ersetzt wird, obgleich selbst die Anzahl der Schafe in diesem unglücklichen Lande sich vermindert, freilich nicht so schnell als die Menschen. Er vermied, das zu wiederholen, was gerade damals durch die höchsten Repräsentanten der zehntausend Vornehmen in einem plötzlichen Anfall von Schrecken verrathen worden war. Als die Panik des Garottirens eine gewisse Höhe erreicht hatte, veranlaßte das Haus der Lords eine Untersuchung und einen Bericht über Transportation und Zuchthausstrafe. An den Tag kam die Wahrheit in dem dicken Blaubuch von 1863, und bewiesen ward es durch officielle Thatsachen und Zahlen, daß die schlechtesten unter den verurtheilten Verbrechern, die Zuchthaussträflinge Englands und Schottlands sich weit weniger zu schinden hatten und viel besser genährt waren, als die Agrikulturarbeiter Englands und Schottlands. Und das war noch nicht Alles. Als in Folge des Bürgerkrieges in Amerika, die Industriearbeiter in Lancashire und Cheshire auf die Straße geworfen waren, sandte dasselbe Haus der Lords einen Arzt in die Fabrikdistricte, um zu untersuchen und festzustellen, wie viel Kohlen- und Stickstoff unumgänglich nothwendig sei, um, dargeboten in der einfachsten und billigsten Form, gerade zur Abwehr des Hungertyphus hinzureichen. Dr. Smith, der ärztliche Commissar des Parlaments, ermittelte, daß 28,000 Gran Kohlenstoff und 1330 Gran Stickstoff die wöchentliche Ration sei, welche durchschnittlich grade hinreichend sei, um einen Erwachsenen über dem Niveau der Hungerkrankheiten zu halten, und er fand weiter, daß diese Quantität so ziemlich mit der dürftigen Nahrung übereinstimme, auf welche der Druck der äußersten Noth die armen Baumwollenarbeiter thatsächlich angewiesen hatte.*) Und nicht genug damit,

---

*) Es wird den Lesern bekannt sein, daß außer Wasser und anderen unorganischen Substanzen, Kohlen- und Stickstoff die Rohstoffe der menschlichen Nahrung ausmachen. Indessen müssen diese einfachen chemischen Ingredienzien, um zur Erhaltung des menschlichen Organismus zu dienen, in Form vegetabilischer oder animalischer Substanzen dargeboten werden. Kartoffeln, zum Beispiel, enthalten nur Kohlenstoff, während Brod kohlen- und stickstoffhaltige Substanzen in angemessenem Verhältniß enthält.

derselbe Arzt wurde später von der Regierung wieder beauftragt, die Nahrung des ärmeren Theils der Arbeiterklasse zu untersuchen. Die Resultate seiner Nachforschungen befinden sich im „Sechsten Bericht über öffentliche Gesundheit," veröffentlicht auf Befehl des Parlaments im Lauf dieses Jahres (1864). Und was entdeckte der Arzt? Daß die Seidenweber, Nätherinnen, Handschuhmacher, Strumpfwirker und andere Arbeiter durchschnittlich nicht einmal die Nothstandsration der Baumwollenarbeiter, nicht einmal denjenigen Betrag von Kohlen- und Stickstoff erhielten, „der gerade hinreicht zur Abwehr von Hungerkrankheiten."

„Ja noch mehr," sagt der Bericht, „was die untersuchten Familien der ländlichen Arbeiter betrifft, schien es, daß mehr als ein Fünftel weniger zu sich nahm als das nothdürftigste Quantum kohlenstoffhaltiger Nahrung, mehr als ein Drittel weniger als das nothdürftigste Quantum stickstoffhaltiger Nahrung, und daß in drei Landschaften (Berkshire, Oxfordshire und Somersetshire) Unzulänglichkeit stickstoffhaltiger Speisen die Durchschnittskost ganzer Ortschaften war." ... „Es muß darauf hingewiesen werden," fügt der officielle Bericht hinzu, „daß Entbehrung der nothwendigsten Nahrung nur mit großem Widerstreben ertragen wird, und daß in der Regel große Nothdurft der Nahrung erst dann sich einstellt, wenn andere Entbehrungen vorhergegangen sind." ... „Selbst Reinlichkeit wird dem Armen kostspielig oder schwierig, und wenn er dennoch in einem Gefühl der Selbstachtung Versuche macht, den Forderungen der Reinlichkeit zu entsprechen, so ist für ihn jeder Versuch gleichbedeutend mit vermehrten Hungersqualen. Dies sind peinliche Betrachtungen, namentlich wenn man bedenkt, daß die Armuth, auf welche sie Bezug haben, nicht die verdiente Armuth des Müßigganges ist: in allen aufgeführten Fällen ist es die Armuth der arbeitenden Bevölkerung. Und in der That, gerade die Arbeit, welche eine so kärgliche Ration von Nahrungsmitteln erlangt, wird in den meisten Fällen über die Maßen ausgedehnt." Der Bericht bringt ferner die befremdende und unerwartete Thatsache zu Tage, daß von den vier Theilen des vereinigten Königreichs, England, Wales, Schottland und Irland, die Agrikulturbevölkerung England's, des reichsten Theils, die bei Weitem am Schlechtesten genährte ist, daß aber selbst die Agrikulturarbeiter von Berkshire, Oxfordshire und

Somersetshire besser daran sind, als eine große Anzahl kunstfertiger Handarbeiter unter Dach und Fach im Ostende von London*).

Solcher Art sind die officiellen Darstellungen, veröffentlicht auf Befehl des Parlaments im Jahr 1863, während der tausendjährigen Herrschaft des Freihandels, zu einer Zeit, wo der Schatzkanzler dem Hause der Gemeinen erzählte, „daß im Allgemeinen die Lage des britischen Arbeiters sich verbessert habe in einem ganz außerordentlichen Maße, welches ohne Beispiel dastehe in der Geschichte irgend eines Landes oder Zeitalters."

Aber mitten hinein in diese officiellen Glückwünschungen schrillt die trockene Bemerkung des officiellen Berichts über öffentliche Gesundheit: „Oeffentliche Gesundheit eines Landes bedeutet die Gesundheit seiner Massen, und wie können die Massen gesund sein, wenn sie nicht bis auf ihre untersten Schichten herab mindestens erträglich leben?"

Geblendet durch den „Fortschritt der Nation", umgaukelt von den Zahlen der Statistik, ruft der Schatzkanzler in wilder Verzückung aus: „In den Jahren 1842—1852 hat sich das steuerpflichtige Einkommen des Landes um 6 Procent vermehrt, in den acht Jahren 1853—1861 hat es im Verhältniß zum Einkommen des Jahres 1853 um 20 Procent zugenommen. Diese Thatsache ist so staunenswerth, daß sie beinahe unglaublich ist" .... „Diese berauschende

---

*) Anmerkung des Uebersetzers. In der Vorrede zu seinem neuerdings erschienenen Buch: „Das Kapital. Kritik der politischen Oekonomie. Von Karl Marx. Hamburg 1867." bemerkt Marx sehr richtig:

„Im Vergleich zur englischen ist die sociale Statistik Deutschlands und des übrigen continentalen Westeuropa's elend. Dennoch lüftet sie den Schleier gerade genug, um hinter demselben ein Medusenhaupt ahnen zu lassen. Wir würden vor unseren eigenen Zuständen erschrecken, wenn unsere Regierungen und Parlamente, wie in England, periodische Untersuchungs-Commissionen über die ökonomischen Verhältnisse bestallten, wenn diese Commissionen mit derselben Machtvollkommenheit, wie in England, zur Erforschung der Wahrheit ausgerüstet würden, wenn es gelänge, zu diesem Behuf ebenso sachverständige, unparteiische und rücksichtslose Männer zu finden, wie die Fabrikinspectoren England's sind, seine ärztlichen Berichterstatter über „Public Health" (öffentliche Gesundheit), seine Untersuchungscommissäre über die Exploitation der Weiber und Kinder, über Wohnungs- und Nahrungszustände ꝛc. Perseus brauchte eine Nebelkappe zur Verfolgung von Ungeheuern. Wir ziehen die Nebelkappe tief über Aug' und Ohr, um die Existenz der Ungeheuer wegleugnen zu können."

Vermehrung von Reichthum und Macht," fügt Mr. Gladstone hinzu, „ist ganz und gar auf die besitzenden Klassen beschränkt."

Wer zu wissen wünscht, unter wie viel Opfern an zerrütteter Gesundheit, verdorbenen Sitten und gestörten Geisteskräften diese „berauschende, ganz und gar auf die besitzenden Klassen beschränkte Vermehrung von Reichthum und Macht" erzeugt worden ist und noch erzeugt wird, der blicke auf das Gemälde, welches der letzte „öffentliche Gesundheits-Bericht" von den Werkstätten der Schneider, Buchdrucker und Putzmacherinnen entworfen hat. Er vergleiche damit den „Bericht der Untersuchungscommission über die Beschäftigung von Kindern in Fabriken" vom Jahr 1863, worin unter Anderem ausgesprochen wird, daß die Töpfer, und zwar nicht blos die männlichen, sondern auch die weiblichen Arbeiter der Töpferwerkstätten, als Arbeiterklasse einen körperlich und geistig heruntergekommenen Theil der Bevölkerung ausmachen, daß ein von der Geburt an ungesundes Kind später selbst ungesunde Kinder erzeuge, daß nach und nach ein zunehmendes Aussterben der ganzen Race bevorstehe, und daß die Verkommenheit der Bevölkerung von Staffordshire noch größer sein würde, wenn sie sich nicht aus den angrenzenden Landschaften rekrutire und sich durch Heirath mit gesünderen Racen vermische. Er blicke auf Mr. Tremenheere's Blaubuch über die „Beschwerden der Bäckergesellen." Und Wen hat nicht geschaudert bei der scheinbar paroboxen, durch den General Registrator mit Dokumenten belegten Behauptung der Fabrikinspektoren, daß der Gesundheitszustand der Fabrikarbeiter von Lancashire grade in der Zeit, wo sie auf eine Nothstandsration von Nahrungsmitteln beschränkt gewesen seien, sich thatsächlich gebessert habe, weil sie in Folge der Baumwollennoth zeitweise aus den Baumwollenfabriken ausgeschlossen gewesen seien, und daß die Sterblichkeit unter den Kindern in dieser Zeit abgenommen habe, weil die Mütter jetzt endlich einmal in der Lage gewesen seien, ihnen statt der Opiummixtur von Godfrey die eigne Brust zu reichen.

Und dagegen die Kehrseite der Medaille. Die dem Hause der Gemeinen am 20. Juli 1864 vorgelegten amtlichen Berichte über den Ertrag der Einkommen- und Grundsteuer belehren uns, daß in der Zeit vom 5. April 1862 bis 5. April 1863 die Anzahl der Personen mit einem jährlichen Einkommen von 50,000 Pfd. Sterling und darüber um 13 zugenommen habe und in diesem einen Jahr von 67 auf 80 Personen gestiegen sei. Derselbe amtliche Bericht enthüllt die Thatsache, daß ungefähr 3000 Personen sich in ein jährliches Einkommen von ungefähr 25 Millionen Pfund Sterling zu theilen haben, eine Summe, die größer ist als der Gesammtbetrag der alljährlich an die Gesammtheit der Agrikulturarbeiter von England und Wales gezahlten Arbeitslöhne. Schlagt die amtlichen Listen von 1861 auf, und Ihr werdet finden, daß die Anzahl der Grundeigenthümer in England und Wales von 16,934 Personen im Jahr 1851 auf 15,066 im Jahr 1861 zusammengeschmolzen ist, so daß die Concentration des Grundbesitzes in 10 Jahren um 11 Procent zugenommen hat. Wenn die Vereinigung des gesammten Grundbesitzes in den Händen Weniger in diesem Verhältniß fortschreiten sollte, so wird allerdings dadurch die Grund und Boden-Frage sehr vereinfacht werden, grade so, wie es im römischen Kaiserreich geschah, als Nero über die Entdeckung greinte, daß die Hälfte der Provinz Afrika sich in dem Besitz von sechs Herren befinde.

Wir sind darum so lange bei diesen Thatsachen, „die so staunenswerth, daß sie beinahe unglaublich sind," stehen geblieben, weil England an der Spitze des Handels und der Industrie Europa's steht. Erinnert Euch, daß erst vor Kurzem einer von den verbannten Söhnen Louis Philipp's die englischen Agrikulturarbeiter öffentlich deshalb beglückwünscht hat, weil ihr Loos besser sei als das ihrer weniger glücklich situirten Kameraden jenseits des Kanals. Und in der That: mit einer anderen Lokalfärbung und auf etwas kleinerer Stufenleiter pflanzen sich die englischen Zustände in allen in ihrer industriellen Entwicklung begriffenen Ländern des Continents fort. In allen diesen Ländern hat seit dem Jahr 1848 eine unerhörte Entwickelung der Industrie, eine ungeahnte Ausdehnung des Ein- und Ausfuhrhandels stattgefunden. In allen war die ganz und gar auf die besitzenden Klassen beschränkte Vermehrung von Reichthum und Macht ebenfalls wahrhaft berauschend. In allen erhielt zwar eine kleine Anzahl Arbeiter, ebenso wie in England, etwas erhöhten Arbeitslohn, aber bei dem allgemeinen Steigen der Preise hatte diese Lohnerhöhung für den Lebensgenuß des Arbeiters ebenso wenig zu bedeuten, als z. B. der Insasse des hauptstädtischen Armen- oder Waisenhauses davon Nutzen hat, daß seine nothwendigsten Lebensbedürfnisse nach amtlichen Ermittelungen von 7 Pfund 7 Schillingen 4 Pence im Jahr 1852 auf 9 Pfund 15 Schillinge 8 Pence im Jahr 1861 gestiegen sind. Allüberall sank die große Masse der arbeitenden Klassen in immer tieferes Elend, mindestens in demselben Maße, als die oberen Klassen auf der socialen Skala stiegen. In allen Ländern Europa's steht es jetzt als unumstößliche Wahrheit fest, unleugbar für jeden unbefangenen Forscher, und bestritten nur von Denen, die ein Interesse haben, Anderen trügerische Hoffnungen zu machen, daß weder die Vervollkommnung der Maschinen, noch die Nutzbarmachung der Wissenschaft für die Industrie und Agrikulturproduction, weder die Hülfsmittel und Kunstgriffe des Verkehrs, noch neue Kolonieen oder Auswanderung, weder die Eroberung neuer Märkte, noch der Freihandel oder alle diese Dinge zusammengenommen, das Elend der gewerbthätigen Massen zu beseitigen vermögen, daß vielmehr auf der falschen Grundlage des Bestehenden jede frische Entwickelung der schöpferischen Kraft der Arbeit nur dahin zielt, die socialen Gegensätze zu vertiefen und den socialen Conflict zu schärfen. Hungertod erhob sich in der Hauptstadt des britischen Königreichs beinahe auf den Rang einer socialen Institution während dieser berauschenden Epoche ökonomischen Fortschritts. Diese Epoche ist in den Annalen der Welt gekennzeichnet durch die bebeschleunigte Wiederkehr, den erweiterten Umfang und die tödtlicheren Wirkungen der socialen Pest, die man Handels- und Industriekrise nennt.

Nach dem Fehlschlagen der Revolutionen von 1848 wurden auf dem Continent alle Parteiorganisationen und Parteijournale der arbeitenden Klassen durch die eiserne Hand der Gewalt zermalmt, die vorgeschrittensten Söhne der Arbeit flohen in Verzweiflung nach der transatlantischen Republik, und die kurzlebigen Träume von Emancipation der Arbeiterklasse zerrannen in einer Epoche fieberhafter Industriethätigkeit, sittlicher Versumpftheit und politischer Reaction. Die Niederlage der arbeitenden Klassen auf dem Continent verbreitete bald ihre ansteckende Wirkung auf die andere Seite des Kanals. Während die totale Niederlage ihrer continentalen Brüder die arbeitenden Klassen England's entmannte und ihr Vertrauen auf ihre eigene Sache brach, gab sie dem Grundbesitzer und Kapitalisten seine einigermaßen erschütterte Zuversicht wieder. Uebermüthig zogen diese Zugeständnisse zurück, welche bereits angekündigt waren. Die Entdeckung neuer Goldländer führte zu einem großartigen Auszug, der in den Reihen des britischen Proletariats eine unersetzbare Lücke zurückließ. Andere, früher thatkräftige Mitglieder des Proletariats, wurden durch die temporäre Bestechung von Mehrarbeit und Lohnerhöhung weggeschnappt und in Gutgesinnte umgewandelt. Alle Anstrengungen, die Chartisten-Bewegung aufrecht zu halten oder umzugestalten, schlugen ganz unzweideutig fehl, die Preßorgane der Arbeiter starben eines nach dem andern an der Theilnahmlosigkeit der Massen, und in der That, niemals vordem schien die englische Arbeiterklasse so ganz und gar mit dem Zustande ihrer politischen Nichtexistenz ausgesöhnt. Wenn damals zwischen den englischen und den continentalen Arbeiterklassen auch keine Gemeinschaft der Action stattgefunden hatte, so doch, auf alle Fälle, eine Gemeinschaft der Niederlage.

Und dennoch war diese Periode nicht ohne entschädigende Charakterzüge. Wir wollen hier nur auf zwei große Thatsachen aufmerksam machen.

Nach einem dreißigjährigen, mit der bewundernswertheften Ausdauer gefochtenen Kampfe setzten die englischen Arbeiterklassen dadurch, daß sie eine flüchtige Spaltung zwischen der Aristokratie des Grundbesitzes und des Geldes benutzten, die Zehnstundenbill durch. Die bedeutenden physischen, moralischen und intellectuellen Vortheile, die hieraus den Fabrikarbeitern erwuchsen und in den halbjährlichen Berichten der Fabrikinspektoren chronologisch verzeichnet werden, sind jetzt allseitig anerkannt. Die meisten continentalen Regierungen sahen sich genöthigt, die englische Fabrikordnung in mehr oder minder beschränkter Form ebenfalls einzuführen, und das britische Parlament selbst ist von Jahr zu Jahr gezwungen, den Wirkungskreis dieses Gesetzes auszudehnen. Und nicht blos von praktischer Bedeutung war der wunderbare Erfolg dieser Arbeitermaßregel. Die britische Bourgeoisie hatte durch ihre berüchtigsten Organe unter den Männern der Wissenschaft, wie z. B. durch Dr. Ure, Professor Senior und andere Weise dieses Schlages, prophezeiht und zu ihrer Herzenszufriedenheit bewiesen, jede gesetzliche Beschränkung der Arbeitszeit müsse die Todtenglocke der britischen Industrie läuten, welche vampyrartig nur davon leben könne, Blut zu saugen, vor Allem Kinderblut. In alten Zeiten war Kindermord ein geheimnißvoller Ritus des Moloch-Kultus, und wurde nur bei sehr feierlichen Gelegenheiten, vielleicht einmal jährlich vollzogen, und dabei hatte Moloch keinen ausschließlichen Hang für die Kinder der Armen. Dieser Kampf für die gesetzliche Beschränkung der Arbeitszeit wüthete um so heftiger, als er nicht blos ein Schrecken für die Habsucht war, sondern auch ein direkter Eingriff in den großen Kampf zwischen der blinden Regel der Gesetze über Angebot und Nachfrage, welche die politische Oekonomie der Bourgeoisie ausmachen, und der durch sociale Fürsorge geregelten socialen Production, dem Inbegriff der politischen Oekonomie der Arbeiterklasse. Und deshalb war die Zehnstundenbill nicht blos ein großer praktischer Erfolg, sie war der Sieg eines Princips: zum ersten Mal am hellen, lichten Tag unterlag die politische Oekonomie der Bougeoisie der politischen Oekonomie der Arbeiterklasse.

Doch der politischen Oekonomie der Arbeit stand ein noch größerer Sieg über die politische Oekonomie des Besitzes bevor. Wir sprechen von der Cooperativbewegung, insbesondere von den auf dem Princip der Cooperation beruhenden, durch wenige unverzagte, wenn auch ununterstützte „Hände"*) ins Leben gerufenen Fabriken. Der Werth dieser großen socialen Experimente kann nicht hoch genug veranschlagt werden. Durch die That, statt der Gründe, haben sie bewiesen, daß Production in großem Maßstab und in Uebereinstimmung mit den Geboten moderner Wissenschaft stattfinden kann ohne die Existenz einer Klasse von Arbeitgebern, die einer Klasse von Arbeitnehmern zu thun giebt, daß die Arbeitsmittel, um Früchte zu tragen, nicht als ein Werkzeug der Herrschaft über und der Ausbeutung gegen den Arbeitenden selbst monopolisirt zu werden brauchen, und daß Lohnarbeit, wie Sclavenarbeit, wie Leibeigenschaft, nur eine vorübergehende und untergeordnete Form ist, die, dem Untergange geweiht, verschwinden muß vor der associirten Arbeit, welche ihre schwere Aufgabe mit williger Hand, leichtem Sinn und fröhlichem Herzen erfüllt. In England war der Same des Cooperativ-Systems durch Robert Owen gesäet worden; die gleichartigen Experimente der Arbeiter auf dem Continent waren thatsächlich das praktische Resultat dieser im Jahre 1848 zwar nicht erfundenen, aber laut verkündigten Theorieen.

---

*) **Anmerkung des Uebersetzers**: In England ist es Sprachgebrauch, die Arbeiter als „Hände" (hands) zu bezeichnen, während Schafe und Ochsen nach Köpfen (heads) gezählt werden.

Die Erfahrungen der Periode von 1848 bis 1864 haben über allen Zweifel festgestellt, daß Cooperativarbeit, wie ausgezeichnet im Princip und wie nützlich in der Praxis sie auch immer sein möge, so lange sie auf den engen Kreis gelegentlicher Versuche einzelner Arbeiter beschränkt bleibt, niemals im Stande sein wird, das Wachsthum des Monopols in geometrischer Progression aufzuhalten, die Massen zu befreien, oder auch nur die Wucht ihres Elends merklich zu erleichtern. Vielleicht haben grade aus diesem Grunde Aristokraten von anscheinend edler Denkungsart, philanthropische Schönredner der Bourgeoisie und selbst geschäftskluge Nationalökonomen ganz urplötzlich mit widerlichen Complimenten eben dem Cooperativarbeitsystem gehuldigt, welches sie vergebens im Keim zu ersticken gesucht, welches sie als das Utopien des Träumers verhöhnt oder als Verruchtheit des Socialisten gebrandmarkt hatten. Um die gewerbthätigen Massen zu retten, müßte Cooperativarbeit zu nationalen Dimensionen entwickelt und, folgerichtig, durch Staatsmittel gefördert werden. Dagegen aber werden die Herren des Grundbesitzes und des Kapitals stets ihre politischen Privilegien zur Vertheidigung und Verewigung ihrer ökonomischen Monopole aufbieten. Weit entfernt davon, der Emancipation der Arbeit Vorschub zu leisten, werden sie fortfahren, ihr jedes nur mögliche Hinderniß in den Weg zu legen. Erinnert Euch des Hohnes, mit welchem Lord Palmerston in der letzten Parlamentssession die Fürsprecher des Gesetzentwurfs über die Rechte irländischer Pächter zu Boden schmetterte. Das Haus der Gemeinen, rief er aus, ist ein Haus von Grundbesitzern. Deshalb ist es die große Pflicht der arbeitenden Klassen, politische Macht zu erobern. Sie scheinen dies begriffen zu haben, denn in England, Deutschland, Italien und Frankreich hat ein gleichzeitiges Wiederaufleben stattgefunden, und ein gleichzeitiges Streben nach einer politischen Reorganisation der Arbeiterpartei.

Ein Element des Erfolges besitzen sie — Zahlen; aber Zahlen wiegen nur dann schwer in der Wage, wenn sie durch ein Bündniß vereinigt und einem bewußten Ziel entgegengeführt werden. Die Erfahrung der Vergangenheit hat gelehrt, daß Mißachtung des Bandes der Brüderlichkeit, welches zwischen den Arbeitern der verschiedenen Länder bestehen und sie anspornen sollte, in allen ihren Kämpfen für Emancipation fest bei einander zu stehen, sich durch eine allgemeine Vereitelung ihrer unzusammenhängenden Anstrengungen bestraft. Diese Erwägung veranlaßte die Arbeiter verschiedener Länder, welche sich am 28. September 1864 zu einem öffentlichen Meeting in St. Martin's Hall versammelt hatten, die internationale Arbeiterassociation zu gründen.

Noch eine andere Ueberzeugung beherrschte dies Meeting.

Wenn die Emancipation der arbeitenden Klassen deren gegenseitigen brüderlichen Beistand erfordert, wie können sie diese große Mission erfüllen, wenn die auswärtige Politik der Regierungen strafbare Pläne verfolgt, nationale Vorurtheile in Bewegung setzt, und in Raubzügen das Blut und den Schatz des Volkes vergeudet? Nicht die Weisheit der herrschenden Klassen, sondern der heldenmüthige Widerstand der arbeitenden Klassen von England war es, was den Westen von Europa verhinderte, sich über Hals und Kopf in einen infamen Kreuzzug für die Verewigung und Fortpflanzung der Sclaverei auf dem jenseitigen Ufer des atlantischen Oceans zu stürzen. Der schamlose Beifall, die nur scheinbare Sympathie oder der beschränkte Gleichmuth, mit welchem die oberen Klassen Europa's die Bergfestung des Kaukasus Rußland zur Beute fallen und das heldenmüthige Polen durch Rußland haben vernichten sehen, die unwiderstandenen Uebergriffe dieser barbarischen Macht, deren Haupt in St. Petersburg, deren Hände in allen Kabinetten Europa's sitzen, haben den arbeitenden Klassen die Pflicht gelehrt, sich selbst der Mysterien der internationalen Staatskunst zu bemeistern, die diplomatischen Streiche ihrer Regierungen zu überwachen, ihnen nöthigenfalls mit aller ihnen zu Gebot stehenden Macht entgegenzuarbeiten, und, wenn außer Stande, den Streich zu verhindern, sich zu gleichzeitiger öffentlicher Anklage zu verbinden und die einfachen Gesetze der Moral und des Rechts zu proklamiren, welche ebenso wohl die Beziehungen Einzelner regeln, als auch die obersten Gesetze des Verkehrs der Nationen sein sollten.

Der Kampf für solch eine auswärtige Politik bildet einen Theil des allgemeinen Kampfes für die Emancipation der arbeitenden Klassen.

Proletarier aller Länder, vereinigt Euch!

4. Die Statuten der Association.

Diese lauten in der definitiven, sachlich unveränderten Fassung, wie sie vom Genfer Congreß (1866) sanctionirt worden sind, folgendermaßen:

In Erwägung:

daß die Emancipation der arbeitenden Klassen durch die arbeitenden Klassen selbst erobert werden muß, daß der Kampf für die Emancipation der arbeitenden Klassen nicht einen Kampf für Klassenprivilegien und Monopole, sondern für gleiche Rechte und Pflichten und für die Abschaffung aller Klassenherrschaft bedeutet;

daß die ökonomische Abhängigkeit des Mannes der Arbeit vom Monopolisten der Werkzeuge der Arbeit, der Quellen des Lebens, die Grundlage der Knechtschaft in jeder Form, des socialen Elends, der geistigen Herabwürdigung und politischen Abhängigkeit bildet;

daß deshalb die ökonomische Emancipation der arbeitenden Klassen das große Ziel ist, welchem jede politische Bewegung als bloßes Hülfsmittel sich unterordnen sollte;

daß alle auf dies große Ziel gerichteten Anstrengungen bisher an dem Mangel der Solidarität zwischen den vielfachen Zweigen der Arbeit jeden Landes und an dem Nichtvorhandensein eines brüderlichen Bandes der Einheit zwischen den arbeitenden Klassen der verschiedenen Länder gescheitert sind;

daß die Emancipation der Arbeit weder ein lokales, noch ein nationales, sondern ein sociales Problem ist, welches alle Länder umfaßt, in denen moderne Gesellschaft existirt, und dessen Lösung von der praktischen und theoretischen Mitwirkung der vorgeschrittensten Länder abhängt;

daß das gegenwärtige Wiederaufleben der arbeitenden Klassen in den gewerbthätigsten Ländern Europa's, während es neue Hoffnungen rege macht, eine feierliche Warnung vor einem Rückfall in alte Irrthümer enthält und ein unmittelbares Bündniß der noch getrennten Bewegungen erfordert;

aus diesen Gründen erklärt der erste internationale Arbeitercongreß, daß die internationale Association und alle ihr angehörigen Gesellschaften und Individuen Wahrheit, Recht und Sitte als die Grundlage ihres Betragens unter einander und gegen alle ihre Mitmenschen ohne Rücksicht auf Farbe, Bekenntniß oder Nationalität anerkennen.

Der Congreß betrachtet es als Pflicht des Mannes, die Rechte eines Mannes und Bürgers nicht blos für sich selbst, sondern für Jedermann, der seine Pflicht thut, zu fordern. Keine Rechte ohne Pflichten, keine Pflichten ohne Rechte.

Und in diesem Sinne beschließt er folgende Statuten der internationalen Association:

1. Die Association ist zu dem Zweck errichtet, ein centrales Mittel der Verbindung und Cooperation zwischen den in verschiedenen Ländern bestehenden und dasselbe Ziel, nämlich den Schutz, die Hebung und völlige Emancipation der arbeitenden Klassen verfolgenden Arbeitergesellschaften zu schaffen.

2. Name der Gesellschaft soll sein: „Die internationale Arbeiterassociation".

3. Der Generalrath soll aus Arbeitern bestehen, die den verschiedenen, in der internationalen Association vertretenen Ländern angehören. Er soll aus seinen eigenen Mitgliedern die zur Besorgung der Geschäfte nothwendigen Beamten, einen Präsidenten, Schatzmeister, Generalsecretär, correspondirende Secretäre für die verschiedenen Länder 2c. wählen. Der Congreß bestimmt von Jahr zu Jahr den Sitz des Generalraths, wählt eine Anzahl von Mitgliedern mit der Befugniß, ihre Anzahl selbst zu vervollständigen, und bestimmt Ort und Zeit für die Zusammenkunft des nächsten Congresses. Die Delegirten versammeln sich zur bestimmten Zeit am bestimmten Ort ohne jede besondere Einladung. Der Generalrath kann nöthigenfalls den Ort ändern, ist aber nicht befugt, den Termin der Zusammenkunft hinauszuschieben.

4. Bei seinen jährlichen Zusammenkünften soll der Generalcongreß vom Generalrath öffentliche Rechnungslegung seiner Geschäfte erhalten. Letzterer soll in bringlichen Fällen befugt sein, den Generalcongreß vor Ablauf des regelmäßigen Jahrestermins zusammenzurufen.

5. Der Generalrath soll eine internationale Vermittelung zwischen den verschiedenen cooperirenden Associationen bilden, so daß die Arbeiter eines jeden Landes fortwährend von den Bewegungen ihrer Klasse in den andern Ländern unterrichtet gehalten werden, daß eine gleichzeitige und einheitlich geleitete Untersuchung der socialen Zustände in den verschiedenen Ländern Europa's veranstaltet werden kann, daß Fragen von allgemeinem Interesse, die in einer Gesellschaft angeregt worden, von allen erörtert werden, und daß, wenn eine unmittelbar praktische Thätigkeit nöthig sein sollte, wie z. B. im Falle internationaler Streitigkeiten, eine gleichzeitige und gleichförmige Action der associirten Gesellschaften stattfindet. So oft es zeitgemäß erscheint, soll der Generalrath die Initiative zu Vorschlägen für die verschiedenen nationalen oder lokalen Gesellschaften ergreifen. Um die Verbindung zu erleichtern, soll der Generalrath periodische Berichte veröffentlichen.

6. In Anbetracht dessen, daß der Erfolg der Arbeiterbewegung in jedem Lande nur durch die Macht des Zusammenhanges und der Einigkeit gesichert werden kann, während andererseits die Nutzbarkeit des internationalen Generalraths wesentlich davon abhängt, ob er es mit wenigen Mittelpunkten nationaler Arbeiterassociationen oder mit einer großen Anzahl kleiner und getrennter Lokalgesellschaften zu thun hat, sollen die Mitglieder der internationalen Association ihre äußersten Anstrengungen darauf richten, die unzusammenhängenden Arbeitergesellschaften ihrer betreffenden Länder zu nationalen, durch Centralorgane vertretenen Körperschaften zu vereinigen. Doch versteht es sich von selbst, daß die Anwendbarkeit dieser Vorschrift von den jedem Lande eigenthümlichen Gesetzen abhängig ist, und daß, abgesehen von gesetzlichen Hindernissen, keiner unabhängigen Lokalgesellschaft verwehrt sein soll, direkt mit dem Generalrath zu correspondiren.

7. Die verschiedenen Branchen und Sectionen sollen an den Orten ihres Domicils und so weit ihr Einfluß reicht, die Initiative nicht allein in Bezug auf allgemeine fortschrittliche Verbesserung des öffentlichen Lebens, sondern auch in Bezug auf die Gründung von Productivassociationen und anderen, der Arbeiterklasse nützlichen Einrichtungen ergreifen. Der Generalrath soll sie in jeder nur möglichen Weise unterstützen.

8. Jedes Mitglied der internationalen Association, welches sei-

nen Wohnsitz von einem Lande nach dem andern verlegt, soll den brüderlichen Beistand der associirten Arbeiter erhalten.

9. Jeder, der sich zu den Principien der internationalen Arbeiterassociation bekennt und dieselben vertheidigt, ist wählbar zum Mitglied der Association. Jede Branche ist verantwortlich für die Rechtschaffenheit der Mitglieder, welche sie aufnimmt.

10. Jede Section oder Branche hat die Befugniß, ihren eigenen correspondirenden Secretär zu ernennen.

11. Die Arbeitergesellschaften, welche sich der internationalen Association anschließen und sich mit dieser durch ein immerwährendes Band brüderlicher Gemeinschaft verbinden, behalten ihre besondere Organisation unangetastet bei.

12. Alles, was in diesen Statuten nicht vorgesehen ist, wird durch specielle, der Revision eines jeden Congresses unterliegende Verordnungen nachträglich ergänzt werden.

5. Vorläufige Conferenz zu London, September 1865.

Der auf dem Meeting in St. Martin's Hall erwählte Centralrath (spätere Generalrath) hatte beschlossen, den ersten Kongreß der internationalen Arbeiterassociation Anfangs September 1865 zu Brüssel abzuhalten. Er fand indeß diese Bestimmung zweckwidrig. Denn einerseits hatte es der Gesellschaft an Zeit gefehlt, um tiefere Wurzeln zu schlagen; andererseits hatte die belgische Regierung, welche sich in Fragen der inneren Politik ihre Verhaltungsbefehle in Paris dictiren läßt, das Gesetz erneuert, welches ihr willkürliche Ausweisung von Fremden erlaubt. Der Centralrath berief daher, statt eines allgemeinen Congresses nach Brüssel eine vorläufige Conferenz nach London. Nur die Delegirten der wenigen leitenden Comité's auf dem Continent durften an der Conferenz theilnehmen.

Auf dieser Conferenz wurden die Fragen festgesetzt, die auf dem nächsten allgemeinen Congreß im September 1866 verhandelt werden sollten. Genf wurde zum Sitz desselben bestimmt.

6. Congreß zu Genf, 3.—8. September 1866.

Anwesend waren 60 Delegirte, von denen 45 Mitglieder 25 Sectionen der internationalen Arbeiterassociation und 15 Mitglieder 11 cooperirende Gesellschaften vertraten.

Zu Anfang der Debatten entstand eine lebhafte Discussion über das Recht der Theilnahme am Congreß. Es hatten sich aus Frankreich viele einzelne Mitglieder der Association eingefunden, welche, obwohl sie keine Vollmacht einer Section aufzuweisen hatten, dennoch als Delegirte der Pariser Sectionen zugelassen zu werden und an den Verhandlungen des Congresses theilzunehmen wünschten. Sie beriefen sich auf die Lage der Gesetzgebung in Frankreich, welche ihnen eine regelrechte Organisation unmöglich mache. Mehrere Mitglieder unterstützten ihr Verlangen. Nach ihrer Ansicht war die Organisation des Congresses weder vollständig, noch definitiv, darum sollte man nicht allzu streng und gewissenhaft verfahren, sondern lieber jedes sich zu den Principien der Association bekennende Einzelmitglied zu den Verhandlungen zulassen. Dagegen aber machten die britischen Delegirten geltend, daß sie als Vertreter von Branchen und Gesellschaften erschienen seien, deren jede viele tausend Mitglieder zähle, daß sie auf Grund dieser Eigenschaft das Repräsentativsystem zur Grundlage des Congresses verlangten, und daß durch die Zulassung von Einzelpersonen, die keine organisirte Körperschaft zu vertreten hätten, die Regel der Gleichheit bei der Abstimmung verletzt, und ihre, der britischen Delegirten, Rechte beeinträchtigt würden. Der Congreß beschloß, daß das Recht der Theilnahme an den Debatten und Abstimmungen ausschließlich auf diejenigen Delegirten zu beschränken sei, welche eine reguläre Vollmacht aufzuweisen hätten.

Nachdem die Vollmachten geprüft waren, wurde zur Wahl des Präsidiums und des Bureau's geschritten, und ein Mitglied des Londoner Generalraths Uhrmacher Jung, zum Präsidenten erwählt. Derselbe leitete die darauf folgenden Debatten meisterhaft. Die heißblütigen Franzosen, welche lieber sich selbst anhören, als andere Redner, machten die Leitung der Verhandlungen nicht allzu leicht, dennoch siegte der Tact, die Ruhe und Würde des Präsidenten, unterstützt durch die feste und besonnene Haltung der englischen und deutschen Arbeiter, über jede drohende Störung.

Es würde zu weit führen, hier auch nur einen kurzen Auszug der Debatten zu geben.*) Den Hauptgegenstand der Verhandlungen bildeten die „Instructionen für die Delegirten des provisorischen Generalraths", deren Vorschläge im Wesentlichen von dem Congreß votirt wurden. Die wichtigsten Punkte waren folgende:

§ 1 dieser Instructionen handelt von der Organisation der internationalen Association. Es werden die schon oben mitgetheilten, durch die Praxis zweier Jahre bewährten Statuten zur definitiven Annahme empfohlen, London als Sitz des Generalraths für das nächste Jahr vorgeschlagen und dem Congreß die Wahl des Generalraths und eines Generalsecretärs mit einem wöchentlichen Gehalt von 2 Pfund Sterling, des einzigen honorirten Beamten der Association, anheimgegeben.

Der Congreß sanctionirte die provisorischen Statuten, beschloß, daß London Sitz des Generalraths bleiben solle, bestätigte den provisorischen Generalrath zu London für das Verwaltungsjahr 1866 bis 1867 in seinen Funktionen und setzte den Beginn des nächsten Congresses auf den ersten Montag im September 1867 zu Lausanne fest.

§ 2 der Instructionen handelt von den internationalen Hülfsmitteln, welche die Association den Arbeitern aller Länder in ihrem Kampf gegen das Kapital darbieten könne. Diese Frage nehme die ganze Thätigkeit der Association in Anspruch, deren Ziel ja darin bestehe, die bis jetzt noch unzusammenhängenden Kämpfe für die Emancipation der Arbeiterklasse in den verschiedenen Ländern zu vereinigen und zu verallgemeinern. In einem Fall könne bereits die Association sich rühmen, den Intriguen der Kapitalisten mit Erfolg vorgebeugt zu haben, so weit diese nämlich bei Arbeitseinstellungen fremde Arbeiter als Waffe gegen die einheimischen

---

*) Ausführliche Berichte über die Verhandlungen aller Kongresse der Association bringt die seit 1866 erscheinende Zeitschrift: „Der Vorbote. Politische und sociale Zeitschrift. Centralorgan der Sectionsgruppe deutscher Sprache der internationalen Arbeiterassociation, redigirt von Joh. Phil. Becker. Genf, Verlag der Association. Pré-l'Evêque 33".

Arbeiter ins Gefecht geführt hätten. Es sei eine von den großen Aufgaben der Association, die Arbeiter der verschiedenen Länder als Brüder und Kameraden der Emancipationsarmee sich nicht blos fühlen, sondern auch handeln zu machen. Als weiteres internationales Hülfsmittel werde eine „**statistische Untersuchung über die Lage der arbeitenden Klassen aller Länder durch die eigne Initiative der arbeitenden Klassen**" vorgeschlagen. Um diese Arbeiterstatistik mit Erfolg durchzuführen, wurden in nachstehendem Schema die Materialien, auf die es hauptsächlich ankomme, zusammengefaßt. Dadurch, daß sie ein so großes Werk unternähmen, würden die Arbeiter beweisen, daß sie fähig seien, ihr Schicksal in ihre eigne Hand zu nehmen. Daher werde vorgeschlagen, daß das Werk von allen Branchen der Association unverzüglich in Angriff genommen werde, und daß der Congreß alle Arbeiter Europa's und der Vereinigten Staaten von Amerika zur Mitarbeiterschaft an der Statistik der Arbeiterklasse einlade, daß alle Berichte und Aussagen dem Generalrath zugesandt würden, der sie zu einem allgemeinen Bericht ausarbeiten, den Wortlaut der Aussagen als Anhang hinzufügen, und nach eingeholter Sanction des Congresses Bericht und Anhang veröffentlichen solle.

Das vorgeschlagene allgemeine Schema enthält folgende Rubriken, die indeß je nach lokalen Bedürfnissen verändert werden möchten:

1. Bezeichnung der Industrie.
2. Alter und Geschlecht der Arbeiter.
3. Anzahl der Arbeiter.
4. Salaire und Löhne: a, der Lehrlinge; b, für Tagesarbeit oder Stückwerk; c, Lohnscala der Zwischenhändler. Wöchentlicher, jährlicher Durchschnittsbetrag.
5. a, Arbeitsstunden in Fabriken; b, Arbeitsstunden bei kleinen Arbeitgebern und bei häuslicher Arbeit, wenn das Geschäft in dieser Weise betrieben wird; c. Nachtarbeit und Tagesarbeit.
6. Mahlzeiten und Art der Beköstigung.
7. Qualität des Arbeitlokals und der Arbeit: Ueberfüllung, mangelhafte Ventilation, Mangel an Sonnenlicht, Gebrauch von Gaslicht, Reinlichkeit 2c.
8. Art der Beschäftigung.

9. Wirkung der Beschäftigung auf die natürliche Körperbeschaffenheit.
10. Sittenzustand. Erziehung.
11. Handelsstatistik: ob das Geschäft von der Saison abhängt, oder die Arbeit mehr oder weniger gleichmäßig durch's ganze Jahr vertheilt ist, ob die Waare großen Preisschwankungen unterliegt, der auswärtigen Concurrenz ausgesetzt ist, und ob sie für den inländischen Consum oder für den Export bestimmt ist ꝛc.

Diese Vorschläge des Generalraths wurden vom Congreß einstimmig angenommen, und die statistischen Ermittelungen und Feststellungen der Arbeiter über ihre eigenen Verhältnisse gehen seitdem ruhig ihren Gang.

§ 3 der Instructionen betrifft die **Beschränkung der Arbeitszeit**. Dies sei eine Präliminarbedingung, ohne welche alle weitergehenden Verbesserungs- und Emancipationsversuche fehlschlagen müßten. Sie sei nothwendig, einmal um die Gesundheit und natürliche Energie der Arbeiterklasse, der großen Masse jeder Nation, wiederherzustellen, sodann um dem Arbeiter die Möglichkeit geistiger Fortentwicklung, gesellschaftlichen Verkehrs, socialer und politischer Thätigkeit zu gewähren. Deshalb möge der Congreß sich zu Gunsten einer **gesetzlichen Beschränkung der Tagesarbeit auf acht Stunden per Tag** erklären. Diese Forderung sei in den Vereinigten Staaten von Amerika bereits das allgemeine Feldgeschrei der arbeitenden Klassen, und das Votum des Congresses werde dazu dienen, sie zur allgemeinen Forderung aller Arbeiter der Welt zu machen. Nachtarbeit dürfe nur ausnahmsweise für gewisse, gesetzlich specifirte Geschäftszweige gestattet werden, mit dem Bestreben, allmälig alle Nachtarbeit zu unterdrücken. Dieser Vorschlag beziehe sich indeß nur auf Erwachsene im Alter von 18 Jahren und darüber, gleichviel ob männlichen oder weiblichen Geschlechts, doch müßte letzteres streng von Nachtarbeit irgend welcher Art und von jeder Arbeit, welche der Zartheit des Geschlechts schädlich sei, oder den Körper giftigen oder verderblichen Einwirkungen aussetze, ausgeschlossen werden.

Der Congreß trat diesen Ausführungen mit einer Majorität von 50 gegen 10 Stimmen bei. Die Minorität bestand aus den französischen Delegirten, welche mit einer gesetzlichen Beschränkung der Arbeitszeit auf 10 Stunden per Tag sich begnügen wollten.

§ 4 der Instructionen über die „Arbeit der Jugend und Kinder beider Geschlechter" greift das sociale Uebel bei der Wurzel an. Die Tendenz der modernen Industrie, Kinder und jugendliche Personen beider Geschlechter am großen Werk der socialen Production cooperiren zu machen, sei eine fortschrittliche, gesunde und rechtmäßige Tendenz, obwohl sie unter der Kapitalherrschaft zu einem Gräuel ausgeartet sei. In einem rationellen Zustande der Gesellschaft sollte jedes Kind im Alter von 9 Jahren anfangen, ein productiver Arbeiter zu werden, so daß kein kräftiger Erwachsener von dem allgemeinen Naturgesetz ausgenommen zu werden brauche, welches fordert: Arbeite, um zu essen, arbeite nicht allein mit dem Kopf, sondern auch mit den Händen.

Für den Augenblick indeß habe der Congreß nur mit der Arbeiterbevölkerung zu thun. Er unterscheide hier drei Klassen von Kindern und jungen Personen beider Geschlechter die verschieden zu behandeln seien; die erste Klasse umfasse das Alter von 9 — 12, die zweite von 13 — 15, die dritte von 16 bis 17 Jahren. Vorgeschlagen werde, dahin zu wirken, daß die Beschäftigung der ersten Klasse in irgend einer Werkstätte oder für irgend welche häusliche Arbeit gesetzlich auf zwei, die der zweiten auf vier, die der dritten auf sechs Arbeitsstunden beschränkt, und daß für die dritte Klasse eine Unterbrechung von wenigstens einer Stunde zu Mahlzeiten oder zur Erholung gesetzlich angeordnet werde.

Es möge wünschenswerth sein, mit dem Elementarunterricht vor dem Alter von 9 Jahren zu beginnen, aber der Congreß habe es hier nur mit dem unerläßlichsten Gegengift gegen die Tendenzen eines socialen Systems zu thun, welches den Arbeiter zu einem bloßen Werkzeuge der Kapitalanhäufung herabwürdige, und Eltern durch das Bedürfniß ihres Lebensunterhaltes zwinge, die eigenen Kinder zu verkaufen. Das Recht der Kinder und der Jugend müsse geschützt werden. Sie seien unfähig, für sich selbst zu handeln, daher sei es Pflicht der Gesellschaft, für ihr Wohl zu sorgen.

Wenn die Bourgeoisie und Aristokratie diese ihre Pflicht gegen ihre eigenen Kinder vernachlässige, so sei es ihre eigene Schuld.

Das Kind, welches die Privilegien dieser Klassen theile, sei verurtheilt, auch unter ihren Vorurtheilen zu leiden.

Ein ganz anderer Fall sei es mit der Arbeiterklasse. Der Arbeiter sei kein freier Herr seines Handelns. In leider nur zu vielen Fällen sei er selbst zu unwissend, die wahren Interessen seines Kindes oder die Normalbedingungen des menschlichen Entwicklungsganges zu verstehen. Der aufgeklärtere Theil der Arbeiterklasse indeß begreife sehr wohl, daß die Zukunft der Klasse, und das ist die Zukunft der Menschheit, ganz und gar von der Heranbildung der aufkeimenden arbeitenden Generation abhänge. Die Arbeiter müßten sehr wohl, daß vor allem Andern die Kinder und jugendlichen Arbeiter aus den Krallen des gegenwärtigen Arbeitsystems gerettet werden müßten. Dies könne nur dadurch geschehen, daß die sociale Einsicht in sociale Macht verwandelt würde, und zwar unter gegebenen Verhältnissen durch allgemeine, von der Staatsgewalt in Ausführung zu bringende Gesetze. Wenn die Arbeiterklasse die Regierung bei Ausführung solcher Gesetze unterstütze, stärke sie keineswegs die Macht der Regierung. Im Gegentheil, sie mache die Macht, die jetzt gegen sie gebraucht werde, sich selbst dienstbar. Durch einen allgemeinen Act bewirke sie, was sonst vergebens durch eine Menge vereinzelter individueller Bemühungen versucht werden würde.

Von diesem Standpunct ausgehend, müsse der Congreß sich dahin aussprechen, daß kein Vater und kein Arbeitgeber befugt sein dürfe, jugendliche Arbeit anders als in Verbindung mit Erziehung zu gebrauchen.

Unter Erziehung seien drei Dinge zu verstehen:

Erstens: **Ausbildung des Verstandes.**

Zweitens: **Ausbildung des Körpers**, wie sie in Schulen durch Turnunterricht und militärische Uebungen stattfindet.

Drittens: **Technologische Erziehung**, welche die allgemeinen Principien aller Productionsprocesse erklärt, und gleichzeitig das Kind und die Jugend in den praktischen Gebrauch und die Handhabung der Elementarwerkzeuge aller Gewerbe einweiht.

Ein stufenweiser und fortschreitender Kursus geistiger, körperlicher und technologischer Erziehung sollte der Klasseneintheilung der jugendlichen Arbeiter zu Grunde liegen. Die Kosten der technologischen Schulen sollten theilweise durch den Verkauf ihrer Producte gedeckt werden.

Die Vereinigung bezahlter productiver Arbeit, geistiger Erziehung, körperlicher Uebung und technologischen Unterrichts werde die Arbeiterklasse hoch über das Niveau der Aristokratie und Bourgeoisie erheben.

Es verstehe sich von selbst, daß die Beschäftigung aller Personen im Alter bis zu einschließlich 17 Jahren durch Nachtarbeit und in irgend einem gesundheitsschädlichen Gewerbszweige durch strenge Gesetze verboten werden müsse.

Der Congreß trat einstimmig diesen Ausführungen bei, und fügte eine Resolution hinzu des Inhalts, daß die technische Erziehung der Jugend sowohl theoretischer, als auch praktischer Art sein müsse, um zu verhindern, daß aus den projectirten technologischen Schulen nicht eine Klasse von Handwerkern, sondern von Fabrikaufsehern und Werkmeistern hervorgehe.

7. Congreß zu Lausanne, 2—8. September 1867.

Zu diesem Congreß hatten sich 64 Delegirte eingefunden, unter denen das deutsche Element durch 25 Mitglieder vertreten war.

Man verzichtete auf alle Eröffnungsfeierlichkeiten und schritt sofort zur Wahl des Präsidiums und des Bureaus. Eugen Dupont, Mitglied des Generalraths und Delegirter der französischen Section zu London, wurde zum Präsidenten erwählt und führte seine eben nicht leichte Aufgabe mit Gewandtheit durch. Unterstützt wurde er durch die meisterhafte Haltung der Versammlung. Es gab kein unfreundliches Wort zu corrigiren, keine unschickliche Aeußerung zurückzuweisen, keinen tactlosen Antrag zu registriren. Die Schwierigkeit, die Discussion in drei Sprachen (englisch, deutsch und französisch) zu führen, wurde auch diesmal, wie auch auf dem ersten Congreß, glücklich überwunden.

Das Wichtigste an diesem Congreß waren die Berichte der einzelnen Sectionen und verbundenen Gesellschaften über die thatsächlichen Erfolge und das Wachsthum der Association. Es würde zu weit führen, den Inhalt dieser sehr interessanten Berichte auch nur annähernd wiederzugeben und kann hiervon um so mehr abgesehen werden, als die gegenwärtige Ausbreitung der Association unter einer späteren Rubrik zusammengefaßt werden wird. Der officielle Bericht über den Congreß von 1867 ist in französischer Sprache zu „Chaux-De-Fonds, Imprimerie de la Voix de l'Avenir" erschienen.

Bezeichnend für den Geist des Congresses ist Folgendes:

Gaspard Stampa von Mailand, Delegirter des Centralraths der italienischen Arbeiterassociationen, bestehend aus 600 Arbeitergesellschaften mit dem Centralsitz zu Neapel, zeigte in der Sitzung vom 4. September an, Garibaldi sei auf der Reise zum Friedenscongreß in Genf und werde durch Lausanne passiren, und stellte den Antrag: es möge der Congreß eine Deputation ernennen, welche Garibaldi bis Villeneuve entgegengehe, um ihn im Namen des Congresses zu begrüßen und in seiner Eigenschaft als Ehrenpräsident der vorstehend erwähnten italienischen Arbeiterassociationen zum Besuch des Congresses einzuladen. Diesem Antrag widersetzten sich andere Delegirte. Wie volksthümlich der Character Garibaldi's auch immer sein möge, ein Congreß, der die Arbeiterklasse vertrete, könne keiner einzelnen Person huldigen. Wolle Garibaldi seinen Sitz im Congreß als Ehrenpräsident der italienischen Arbeiterassociationen einnehmen, so werde man ihn, wie jeden andern Delegirten, herzlich empfangen. Es wurde darauf über den Antrag Stampa's zur einfachen Tagesordnung übergegangen.

Die fast gleichzeitige Abhaltung des internationalen Friedenscongresses in Genf, (9—12 September,) an welchem viele Mitglieder des Arbeitercongresses privatim theilzunehmen beabsichtigten, nöthigte letzteren, gegenüber der Genfer Friedensliga eine bestimmte Stellung einzunehmen. Dies geschah durch folgende, mit großem Applaus angenommene Resolution:

„In Erwägung, daß der Druck des Krieges auf keinem Stande der Gesellschaft schwerer lastet, als auf dem Arbeiterstande, welcher durch denselben nicht blos seiner Ernährungsmittel beraubt wird, sondern auch vorzugsweise sein eigenes Blut dabei verspritzen muß;

„In Erwägung, daß fast ebenso schwer wie der Krieg, der Druck des sogenannten bewaffneten Friedens auf dem Arbeiter lastet, indem er die besten Kräfte des Volkes in unproductiver und zerstörender Arbeit verzehrt;

„In Erwägung endlich, daß um diesem Uebelstande gründlich abzuhelfen, die Aenderung der gegenwärtigen, auf Ausbeutung des Einen Theiles der Gesellschaft durch einen Andern beruhenden socialen Zustände, eine nothwendige Bedingung ist,

„Erklärt der Congreß der internationalen Arbeiterassociation seinen vollkommenen und entschiedenen Beitritt zu der in Genf am 7. September constituirten Friedensliga und deren Bestrebungen im Interesse und zur Erhaltung des Friedens, und verlangt nicht blos das Aufhören des Krieges, sondern auch die Aufhebung der stehenden Heere und an deren Stelle einen allgemeinen und freien Bund der Völker, auf den Grundlagen der Gegenseitigkeit und der Gerechtigkeit, unter Voraussetzung jedoch, daß die Emancipation der Arbeiterklasse aus ihrer unfreien und gedrückten Stellung und aus ihrer gesellschaftlichen Zurücksetzung erreicht und dem gegenseitigen Klassenkampfe durch Ausgleichung der bestehenden Gegensätze ein Ende gemacht werde."

Der Genfer Arbeitercongreß von 1866 war der Gegenstand lebhafter Debatten in der französischen, besonders Pariser und Lyoner Presse gewesen. Dagegen hatten die großen Londoner Blätter ihn todtzuschweigen versucht. Anders ein Jahr später mit dem Congreß zu Lausanne. Die „Times" hatte dort ihren eigenen Berichterstatter. Sie veröffentlichte außerdem Leitartikel über die internationale Arbeiterassociation, und ihrem Beispiel folgte die Tages- und Wochenpresse von ganz England. Nachdem die „Times" den Ton angegeben, hielten es auch die andern Blätter nicht mehr unter ihrer Würde, der Arbeiterfrage nicht nur Notizen, sondern sogar lange Leitartikel zu widmen. In allen wurde der Arbeitercongreß besprochen. Daß viele Blätter ihn vornehm und ironisch behandelten, war ganz natürlich. Hat nicht jede Sache neben der erhabenen auch ihre komische Seite, und ein Arbeitercongreß mit seinen plaudersüchtigen Franzosen sollte ganz frei davon sein? Aber trotz alledem und alledem wurde der Congreß von der englischen Presse im ganzen sehr anständig behandelt. Selbst der „Manchester Examiner," das eigentliche Organ John Bright's und der Manchesterschule, stellte ihn in einem treffenden Leitartikel als wichtig und epochemachend hin. Wurde er mit seinem Stiefbruder, dem Friedenscongreß verglichen, so fiel der Vergleich stets zum Vortheil des älteren Bruders aus. Man erkannte in dem Arbeitercongreß eine drohende Schicksalstragödie, in dem andern sah man nichts als Farce und Burleske.

---

8. Die internationale Arbeiterassociation, die Gewerbe-Vereine (Trades' Unions), und die Arbeitseinstellungen (Strikes).

Seit der Stiftung der internationalen Arbeiterassociation beginnt eine neue Aera für die englischen Gewerbe-Vereine (Trades Unions). Sie hatten sich bisher ausschließlich in dem Kampf um Arbeitslohn und Arbeitszeit bewegt, und waren nicht frei von den Vornirtheiten des mittelalterlichen Zunftwesens.

Die Gewerbe-Vereine sind eine nicht blos vollkommen berechtigte, sondern auch staatlich anerkannte, durch eine Parlamentsacte vom Jahr 1825 sanctionirte, für die täglichen Conflicte zwischen Arbeit und Kapital nothwendige Körperschaft. Ihre Aufgabe ist, die Interessen der Arbeiter gegen die Meister und Kapitalisten wahrzunehmen. Ihre ultima ratio sind die Arbeitseinstellungen (Strikes, Grèves), deren Gesetzlichkeit jene Parlamentsacte unter der Voraussetzung zugestanden hatte, daß ein öffentlicher Friedensbruch (breach of the peace) vermieden und keine gewaltsame Hemmung des Geschäftsverkehrs (restraint of trade) versucht werde. Die Gewerbe-Vereine haben unter dem Schutz dieses Gesetzes sich über sämmtliche Fabrikdistrikte England's verbreitet und sind zu einer durch Zahl, Organisation und Geldbesitz mächtigen Körperschaft angeschwollen, die den Arbeitgebern achtunggebietend gegenübersteht, und ihren Einfluß auf die mannigfachste Weise fühlbar macht. Sie haben alle politischen Reactionsperioden, alle Gegencombinationen der Meister und Kapitalisten, alle Theuerungen und Handelskrisen der vergangenen Jahrzehnte überlebt, und haben, wie Karl Marx bereits 1847 in seiner gegen Proudhon gerichteten Schrift: „Misère de la Philosophie. Réponse à la Philosophie de la Misère par Mons.

Proudhon, Paris 1847" nachgewiesen hat, für die Organisation der Arbeiterklasse dieselbe Bedeutung, wie die Gemeindebildung des Mittelalters für die Mittelklassen der bürgerlichen Gesellschaft. Diesen Gewerbe-Vereinen wurde es jetzt zum klaren Bewußtsein gebracht, einerseits, daß sie, ohne es zu wissen, Mittel der Organisation der Arbeiterklasse seien, und daß sie über ihren unmittelbaren nächsten Zwecken nicht den allgemeinen Zweck, die vollständige politische und sociale Emancipation der Arbeiterklasse, vergessen dürften. Ebenso wurde ihnen andererseits klar, daß ohne internationale Verbindung kein schließlicher Erfolg möglich sei, und daß die Arbeiterbewegung ihrer Natur nach über die Staats- und Nationalitätsschranken übergreife.

Daher wurde auf der im Jahr 1866 zu Sheffield abgehaltenen großen Conferenz der Delegirten sämmtlicher Gewerbe-Vereine England's folgende Resolution eingebracht und zum Beschluß erhoben: „Indem die Conferenz der internationalen Arbeiterassociation für ihre Bemühungen, die Arbeiter aller Länder durch ein gemeinsames Band der Brüderlichkeit zu vereinigen, volle Anerkennung zollt, empfiehlt sie allen hier vertretenen Gesellschaften auf das Eindringlichste, sich dieser Körperschaft zu affiliiren, in der Ueberzeugung, daß dies von der äußersten Wichtigkeit ist für den Fortschritt und das Gedeihen des gesammten Arbeiterstandes."

Schon vorher hatte der Londoner Gewerbe-Rath (Trades' Council), die Centralbehörde der Gewerbe-Vereine in England, ein Cartel mit dem Londoner Generalrath der internationalen Arbeiterassociation geschlossen. Der ständige Secretär des Gewerbe-Raths, Herr Odger, war und ist zugleich Mitglied des Generalraths der internationalen Association. Erst von diesem Augenblick erhielt die Wirksamkeit der Gewerbe-Vereine in England einen allgemeinen Character, der sich sehr bald dadurch offenbarte, daß sie jetzt zum ersten Mal direct sich auch an der politischen Bewegung betheiligten. Mit welchem Erfolg, ist bekannt. Die Durchführung der Parlamentsreform schien nach dem Sturz des Ministeriums Russell-Gladstone im Juni 1866 auf unbestimmte Zeit vertagt zu sein. Die Führer der Tories hatten unter dem lauten Beifall der Majorität erklärt, daß man keine Reform nöthig habe. Da bemächtigten sich die Arbeiter der Bewegung. Es wurden Massenmeetings im größten Maßstab in London, Birmingham, Manchester, Glasgow, Bristol ꝛc.

veranstaltet, an denen die Gewerbe-Vereine als solche theilnahmen. Der Gewerbe-Rath unterstützte die Reformliga, das Organ der Bewegung. Schon nach wenigen Monaten war der Sieg entschieden und die toryistische Regierung gezwungen, die Initiative der Parlamentsreform zu ergreifen.

Die Jahre 1866—1868 waren sowohl in England als auch auf dem Continent besonders reich an Arbeitseinstellungen von Seiten der Arbeiter und Fabrikschließungen von Seiten der Kapitalisten.*) Allgemeiner Grund dieser Erscheinung war **die Krise von 1866 und ihre Nachwirkungen**. Die Krise hatte die Speculation gelähmt. Große Unternehmungen waren ins Stocken gerathen, ein Theil der Unternehmer selbst, der seinen financiellen Verpflichtungen aus der Zeit, wo die Wogen der Speculation am höchsten gestiegen waren, bei der veränderten Lage des Geldmarkts nicht nachkommen konnte, banquerott geworden. Es war ein solcher Höhepunkt der Stagnation aller Handelsunternehmungen eingetreten, daß er nur von der außerordentlichen Höhe des Ueberflusses an Gold in den Banken von England und Frankreich übertroffen wurde. Und das Gold hatte sich in den Banken angehäuft, weil es für Zwecke des Handels nicht länger Verwendung finden konnte. Hieraus war eine allgemeine Stockung des Verkehrs, ein allgemeines Fallen der Preise hervorgegangen. Nur Lebensmittel waren im Preis gestiegen, namentlich das nothwendigste Lebensbedürfniß des Arbeiters, Brod, eine Folge der schlechten Erndten von 1866 und 1867. Und gerade während dieser allgemeinen Theuerung trat der Druck der allgemeinen Krise ein, welcher sich dem Arbeiter durch Verkürzung seiner Arbeitszeit und Herabsetzung seines Arbeitslohns von Seiten des Arbeitgebers fühlbar machte. Daher die vielen Arbeitseinstellungen und Fabrikschließungen. Es kam hinzu, daß erst in dieser letzten Zeit die Gesetze gegen Arbeitercoalitionen in Frankreich und anderen Continentalstaaten aufgehoben worden waren. Es unterliegt auch keinem Zweifel, daß die auf den Arbeitercongressen von Genf und Lausanne gefaßten Beschlüsse einen moralischen Einfluß ausübten,

---

*) Ein „Lock-out", temporäre Schließung ganzer Fabriken und aller Werkstätten eines bestimmten Industriezweigs, ist die Waffe des Kapitalisten, um den Arbeiter zur Annahme niedriger Arbeitslöhne zu zwingen.

der durch das Bewußtsein, daß die Arbeiter jeder Lokalität an der internationalen Association einen wuchtigen Hintergrund hatten, noch gehoben wurde.

Aber mit Unrecht denuncirte ein Theil der europäischen Bourgeoispresse die internationale Arbeiterassociation als Schöpferin dieser Conflicte. Die Association ergriff nirgendswo die Initiative zu Arbeitseinstellungen, sondern beschränkte sich einfach darauf, dort zu interveniren, wo der Character der lokalen Conflicte sie dazu berechtigte und ihr Einschreiten herausforderte.

Namentlich waren es drei große Gelegenheiten, bei denen sie eingriff, und zugleich den Anlaß benutzte, für ihre Principien erfolgreiche Propaganda zu machen.

Vorher einige allgemeine Bemerkungen über die Taktik der Association bei Arbeitseinstellungen englischer Arbeiter, zu denen ihre Cooperation erfordert wurde. Hierüber ertheilt Aufschluß der "Third Annual Report" (dritte Jahresbericht), welchen der Londoner Generalrath dem Congreß von Lausanne vorlegte, und in welchem es heißt:

„Es pflegte eine normalmäßige Drohung britischer Kapitalisten nicht blos in London, sondern auch in den Provinzen zu sein, ihre Arbeiter, wenn diese sich nicht unterwürfig ihren willkürlichen Vorschriften fügen wollten, durch die Einfuhr fremder Arbeiter aus ihren Stellen zu verdrängen. Die bloße Möglichkeit, daß solche Einfuhr stattfinden könne, war in vielen Fällen hinreichend, die britischen Arbeiter von der Aufrechthaltung ihrer Forderungen abzuschrecken. Die vom Generalrath getroffenen Maßregeln haben die Wirkung gehabt, derartigen öffentlichen Drohungen ein Ende zu machen. Wo irgend etwas dieser Art beabsichtigt wird, muß es insgeheim geschehen, und die geringste Kunde, die den Arbeitern zu Ohren kommt, genügt, den Plan der Kapitalisten zu vereiteln. Wenn eine Arbeitseinstellung oder Fabrikschließung stattfindet, die irgend eines der affiliirten Gewerke betrifft, so werden regelmäßig die continentalen Correspondenten der Association auf der Stelle dahin instruirt, die Arbeiter ihrer Ortschaften zu warnen, sich in kein Engagement irgend welcher Art mit den Agenten der Kapitalisten des Platzes einzulassen, wo der Streit stattfindet. Und diese Maßregel ist nicht blos auf affiliirte Gewerke beschränkt, sondern wird, auf ihr Ansuchen, auch zu Gunsten anderer Gewerke ausgeführt."

Und in der That: auf diese Weise wurden die Manöver der englischen Kapitalisten vereitelt in den Arbeitseinstellungen, bezüglich Werkstätten- und Fabrikschließungen der Erdarbeiter an den Eisenbahnen, Eisenbahnconducteure und Locomotivführer, Zinkarbeiter, Drahtarbeiter, Holzschläger ꝛc. In einigen Fällen, z. B. der Arbeitseinstellung der Londoner Korbflechter, hatten die Kapitalisten heimlich Arbeiter von Belgien und Holland eingeschmuggelt. Letztere aber schlossen sich, in Folge der Zusprache des Generalraths der internationalen Association, den englischen Arbeitern an und machten gemeinschaftliche Sache mit ihnen.

Noch größere Dienste leistete einer bestimmten Klasse von Arbeitern das Pariser Verwaltungscomité der Association. In Roubaix hatten die Bandfabrikanten in ihren Fabriken willkürliche Strafreglements eingeführt, die natürlich hauptsächlich auf Lohnabzüge hinausliefen. Die nothwendige Folge dieser Strafreglements war eine Ausschließung der dagegen protestirenden Arbeiter, und diese Fabrikschließung führte zu einer Emeute und zu bewaffnetem Einschreiten der Behörde. Da aber schritt seinerseits der Pariser Centralrath der internationalen Association ein und wies nach, daß die Fabrikanten sich eine Gesetzesverletzung zu Schulden kommen ließen, indem sie durch ihre Reglements auf eigne Faust Gesetzgeber, Richter und Gensdarm spielten. Und in der That wurde die französische Regierung zu der Erklärung gezwungen, daß die Privat-Fabrikgesetzgebung, so weit sie nicht rein administrativ sei, sondern Strafen verhänge, widergesetzlich und eine reine Usurpation sei.

Die entscheidenden wichtigsten Fälle der Intervention der internationalen Arbeiterassociation aber sind folgende drei:

1. Schließung der Pariser Broncewerkstätten, Februar 1867.

Die große principielle Bedeutung dieses Conflicts war folgende:

Die Gewerbe-Vereine waren eben erst in Frankreich gesetzlich erlaubt worden. Die Broncearbeiter, eine Anzahl von ungefähr 5000 Personen, waren die ersten, die diese Erlaubniß benutzten und zu Anfang des Jahres 1866 nach englischem Muster einen Gewerbe-Verein stifteten. Natürlich war diese Genossenschaft den Meistern von vornherein ein Dorn im Auge, und sie beschlossen, dieselbe bei der ersten Gelegenheit zu vernichten. Die Gelegenheit war da, als die Union im Februar 1867 sich genöthigt sah, zu Gunsten von Mitgliedern zu interveniren und an fünf Meister die Aufforderung zu richten, sich den Anordnungen der Union zu fügen. Sofort bildete sich unter den Kapitalisten eine Coalition, welche von ihren Arbeitern verlangte, entweder aus der Union auszutreten, oder die Werkstätte zu verlassen. Die Folge war eine Ausschließung von ungefähr 1500 Broncearbeitern durch 87 Arbeitgeber.

Es handelte sich daher bei dieser Gelegenheit um die Existenz dieses wichtigen Bewegungsmoments in Frankreich.

Der Verein der Broncearbeiter besaß beim Beginn der Werkstätten-Schließung ein Vermögen von 35000 Francs. Er beschloß, jedem der exkludirten Arbeiter 20 Francs per Woche zu zahlen, und zu diesem Zweck durch Vermittlung der internationalen Association Darlehne von englischen Gewerbe-Vereinen gegen eine monatliche Rückzahlung von 5000 Francs aufzunehmen.

Durch die moralische und pecuniäre Unterstützung des Londoner Generalraths, der die gewünschten Beiträge von den englischen Gewerbe-Vereinen verschaffte, und durch das Einschreiten des Pariser Centralraths der internationalen Association, der die übrigen Gewerbe-Vereine in Frankreich zur thatkräftigen Unterstützung der Broncearbeiter bewog, siegten die Arbeiter.

Ueber die internationale Wichtigkeit, welche dieser Fall, wo die französischen Arbeiter durch die Hülfe der englischen siegten, außer seiner socialen Bedeutung hatte, spricht sich der „Courrier Français" vom 24. März 1867 folgendermaßen aus:

„Herr Thiers hat geäußert, daß für internationale Beziehungen eine neue Politik nicht denkbar sei. Dagegen hat soeben eine bemerkenswerthe Thatsache stattgefunden, die keineswegs isolirt dasteht und die, vom Volk ausgehend, Etwas durchblicken läßt, was wirklich neu ist.

„Ob der gewaltige nationale, hundertjährige und beinahe übermenschliche Haß zwischen Engländern und Franzosen noch in dem Busen eines Theils der beiden Völker wurzelt, sind wir außer Stande zu beurtheilen. Aber daß das englische Proletariat den Pariser Broncearbeitern ein Bündniß und pecuniäre Hülfe anbietet, um sie in einer Arbeits und Lohnfrage zu unterstützen, ist ein

Symptom einer neuen Politik, von welcher die alten Parteien keine Vorstellung haben und haben können"

2. Die Genfer Arbeitseinstellung im Frühjahr 1868.*)

Handelte es sich bei den Pariser Broncearbeitern um die Existenz der Gewerbe-Vereine in Frankreich, so handelte es sich hier um **die Existenz der internationalen Arbeiterassociation auf dem Continent.**

Die Entstehung und der Verlauf des Conflicts zwischen der internationalen Arbeiterassociation und einem Theil der Genfer Arbeitgeber war folgender Art.

Schon seit August 1867 hatte sich unter den Genfer Bauarbeitern tiefe Unzufriedenheit mit ihrer Lage kundgegeben, und eine am 19. Januar 1868 abgehaltene Generalversammlung sämmtlicher Baugewerksarbeiter beschloß, ein gemeinsames Comité zu wählen, welches mit den Arbeitgebern in Unterhandlung treten und auf dem Wege gütlicher Verständigung eine Reduction der Arbeitszeit von 12 auf 10 Stunden und eine Lohnerhöhung von 20 Procent erwirken solle. Eine Denkschrift wurde verfaßt und sämmtlichen Meistern zugestellt. Diese, anstatt den Arbeitern entgegenzukommen, schritten zur Gegencoalition, beriefen eine Generalversammlung sämmtlicher Baugewerksmeister zum 18. März, und ihr provisorisches

---

*) Eine ausführliche Darstellung dieser Arbeitseinstellung giebt folgende kleine Brochüre: „Die internationale Arbeiterassociation und die Arbeitseinstellung in Genf im Frühjahr 1868. Von Joh. Phil. Becker. Deutsche Verlagshalle, Pré l'Evêque 33 Genf, 1868. Den Arbeitern, die diese Schrift lesen, sei sowohl die Brochüre des wackern Joh. Phil. Becker, deren Ertrag ausschließlich zur Deckung der durch die Unterstützung der Arbeitseinstellung verursachten Kosten bestimmt ist, als auch die Monatsschrift der „Vorbote" aufs Angelegentlichste empfohlen. Joh. Phil. Becker ist von Haus aus selbst Arbeiter und hat sein ganzes Leben durch mit dem Schwerdt, dem Wort und der Feder für die Arbeiterklasse in der aufopferndsten und uneigennützigsten Weise gekämpft. Er ist ein ebenso thatkräftiger, als geistig origineller Veteran der Arbeiterbewegung, und verdient gegenüber den heutigen petits grands hommes der „satten Tugend und zahlungsfähigen Moral," die sich allerwärts in Arbeiterkreisen breit machen, die Anerkennung der gesammten Arbeiterklasse. Er ist die Seele der internationalen Arbeiterbewegung in der Schweiz, und hat in der That auch alle deutschen Elemente geworben, die sich bisher in Deutschland selbst der Association angeschlossen haben.

Comité lehnte zu wiederholten Malen das Ansuchen des Arbeitercomités ab, noch vor der Generalversammlung in eine freundliche Besprechung von beiderseitigen Delegirten zu willigen. Dies Verhalten des provisorischen Comités der Meister zeigte den Arbeitern, was sie von der bevorstehenden Generalversammlung der Meister zu erwarten hätten. Ihr Comité erklärte seine Aufgabe, mit dem Comité der Meister zu einer Unterhandlung und Verständigung zu kommen, für gescheitert, und ersuchte am Abend des 14. März das Genfer Centralcomité der internationalen Arbeiterassociation, die Sache in die Hand zu nehmen und die Verständigung zu vermitteln.

Diesem Begehren zu willfahren, war Pflicht der Association. Sie ernannte eine aus drei Genfer Bürgern bestehende Commission, deren private Vermittlungsversuche indeß ebenfalls erfolglos blieben. Daher richtete diese am 20. März, nachdem in der Generalversammlung vom 18. eine Association der Meister sich definitiv constituirt hatte, eine öffentliche Aufforderung an die „Herren Bauunternehmer", sich zu einer auf den 23. März anberaumten Zusammenkunft einzufinden. Schon am nächsten Tag erschien in den Zeitungen eine öffentliche Antwort im Namen der Generalversammlung vom 18. März, durch welche der Commission der internationalen Association angezeigt wurde, daß die Generalversammlung der Meister mit allen gegen drei Stimmen beschlossen habe, sich in keinerlei Verhandlungen irgend welcher Art mit ihr einzulassen.

Diesen Stand der Sache machte die von der internationalen Association eingesetzte Commission am Morgen des 23. März durch Maueranschlag bekannt und zeigte an, daß sie, wenn bis zum Abend kein günstigeres Resultat erzielt sei, und alle Aussichten auf eine freundliche Verständigung mit den Arbeitgebern vor der Hand geschwunden seien, durch Trommelschlag eine Generalversammlung aller Sectionen der internationalen Association zusammenberufen werde. Um 6 Uhr Abends wurde das Zeichen gegeben, und von allen Seiten strömten die Mitglieder der Association nach der Rue du Rhône, wo sich das Vereinslokal befindet. Panischer Schrecken bemächtigte sich der Bourgeoisie. Läden und Häuser wurden geschlossen, Kassen in Sicherheit gebracht, das Personal einzelner Comptoirs mit Waffen und Munition versehen. Währenddessen zog die Association, 5000 Mann stark, in musterhafter Ordnung nach dem Schützenhaus, wo die angekündigte Generalversammlung abgehalten, der Ernst der Lage besprochen und den Bauarbeitern einstimmig die Unterstützung der internationalen Association zugesichert wurde. Und nachdem dies geschehen, wurde von den Vorständen der Gewerke, nicht von der internationalen Association, aber unter rauschenden Beifallsrufen und enthusiastischen Beistandsversicherungen ihrer Mitglieder, für die Steinhacker, Maurer, Stuccaturarbeiter und Anstreicher in Genf die Arbeitseinstellung proclamirt. Darauf ging die Versammlung ruhig auseinander. Schon um 9 Uhr Abends hatte Genf seine alltägliche Physiognomie wieder angenommen.

Am 25. März ging die Anzeige der unvermeidlich gewesenen Arbeitseinstellung an den Generalrath der internationalen Association in London und an die Verwaltungsräthe in Brüssel, Paris, Lyon ab, und wurden diese um beschleunigte Unterstützung angegangen, da die Arbeitseinstellung die Genfer Section der Association ganz unvorbereitet getroffen hatte, und ihre Dimensionen ihre Kräfte überstiegen.

Die Meister hatten inzwischen aber auch nicht versäumt, sich Arbeiter, namentlich aus Tessin und Piemont, zu verschreiben. Diese wurden indeß sofort nach ihrer Ankunft in das Vereinslokal der internationalen Association geführt, dort vom Stand der Dinge unterrichtet und für die Arbeitseinstellung gewonnen.

Daß die internationale Association während dieser Zeit den heftigsten Anfeindungen und gehässigsten Beschuldigungen ausgesetzt war, versteht sich von selbst. Das „Journal de Genève" gab den Ton an und wurde von der „Neuen Zürcher Zeitung", der Wiener „Neuen freien Presse" und anderen Organen der radikalen, liberalen und conservativen Bourgeoisie auf's Kräftigste unterstützt. Das energische Auftreten des Genfer Centralraths bewirkte, daß die Ursache der Arbeitseinstellung ganz und gar in den Hintergrund trat, die internationale Association dagegen in den Vordergrund der Bewegung geschoben wurde.

Am 28. März ließ die Association der Meister einen vom 26. März datirten Maueranschlag anheften, in welchem die Meister den Arbeitern in jeder Beziehung gerecht zu werden versprachen, sie vor dem Despotismus und der Gefährlichkeit der durch fremdes Geld unterstützten internationalen Arbeiterassociation, welche die

Arbeitseinstellung hervorgerufen habe, warnten, sie an das frühere freundliche Einverständniß erinnerten und sie aufforderten, in gutem Vertrauen einzeln zurückzukehren; man wolle gern ihr Schicksal verbessern und ihnen einstweilen 11 Stunden Arbeitszeit bewilligen. Sollten sie aber wider Erwarten sich dessen weigern, so würden die Meister gezwungen sein, nunmehr ihrerseits auch die Werkstätten jener Zweige des Baugewerkes zu schließen, die sich der Arbeitseinstellung noch nicht angeschlossen hätten.

Alle Versuche, zu einer Verständigung zu gelangen, scheiterten daran, daß die Meister mit den Delegirten der internationalen Association nicht unterhandeln wollten, und da sich einzelne Arbeiter zum Wiederantritt der Arbeit nicht gemeldet hatten, so wurde am 30. März die angedrohte Fabrikschließung in Vollzug gebracht, und die Werkstätten der Tischler, Zimmerleute und Klempner geschlossen. Die moralische Wirkung, welche diese Schließung auf die Arbeiter Genf's ausübte, erhellt am besten aus der Thatsache, daß mehrere Gewerke, die bisher der internationalen Association fern gestanden hatten, Sectionen bildeten und in die Association aufgenommen zu werden verlangten. So die Stellmacher, Hufschmiede, Sattler, Tapezierer, Feilenhauer, Gerber u. A. Die Association gewann in diesen Tagen weit über 1000 neue Mitglieder.

Auch die in der Schmucksachen-Industrie beschäftigten Arbeiter, die Goldarbeiter, Uhrmacher, Schaalenmacher, Graveure c., die mit wenigen Ausnahmen alle Genfer Bürger sind hielten am 30. März eine von mehr als 2000 Mitgliedern besuchte Versammlung und beschlossen einstimmig, alle moralischen und materiellen Mittel aufzubieten, um der Sache der Bauarbeiter zum Sieg zu verhelfen. In Bezug auf die internationale Association sprach sich diese Versammlung ganz entschieden gegen die falsche und unwahre Behauptung aus, die Genfer Arbeiter stünden unter dem tyrannischen Druck einer fremden Gesellschaft.

Hatte die internationale Association bis dahin eifrig den Conflict beizulegen gesucht, so handelte es sich jetzt, wo alle Verständigungsversuche fehlgeschlagen waren, darum, die Mittel für eine längere Fortdauer der Arbeitseinstellung zu beschaffen. Das Genfer Centralcomité der internationalen Association hatte etwa 3000 Arbeiter mit ihren Familien zu unterstützen, eine Last, die von den Genfer Arbeitern allein unmöglich getragen werden konnte.

Aber bereits strömten auch von allen Seiten Beiträge herzu. In erster Linie verdient die Opferfreudigkeit der Genfer Arbeiter und Gewerke die rühmlichste Anerkennung. Ohne Uebertreibung kann man sagen: die beschäftigten Arbeiter von Genf theilten ihr Brod mit den feiernden. Und nicht nur gab jeder Einzelne willig einen Theil seines Lohns her, sondern die Spar- und Unterstützungskassen der Gewerke öffneten sich zu Gaben von 500 bis 5000 Fres. Die Gewerke andrer schweizerischer Städte und die deutschen Arbeitervereine der Schweiz blieben ebenfalls nicht zurück. Aus Deutschland kamen Beiträge von Hannover (Arbeiterverein), Hamburg (Arbeiterbildungsverein), Schwerin (Bauarbeiter), Rostock, Kaukehmen, Solingen, Mannheim (Schneiderverein), Eßlingen (Arbeiterbildungsverein), München (Arbeiterbildungsverein) ꝛc. Vor Allem aber waren der Generalrath der internationalen Association zu London und ihre Verwaltungscomités zu Brüssel und Paris thätig. Ersterer war trotz aller formellen Schwierigkeiten, die er zu überwinden hatte um größere Summen zu beschaffen, schon Anfangs April in der Lage, dem Genfer Centralcomité nur von England her jeden Monat mindestens 40,000 Francs, theils als Darlehn, theils als Unterstützung, bis zur siegreichen Beendigung der Arbeitseinstellung zuzusichern. Und durch Vermittelung der Brüsseler und Pariser Verwaltungscomités erfolgten namhafte Beiträge der dortigen Gewerke, z. B. 2000 Francs von den Buchdruckern, 1500 Fr. von den Klempnern zu Paris ꝛc.

Da sahen die Meister ein, daß ihr Plan, die Arbeiter auszuhungern, gescheitert sei. Und weil sie mit dem Centralrath der internationalen Association nicht unterhandeln zu wollen sich verpflichtet hatten, that dies in ihrem Auftrag Herr Camperio, Präsident des Staatsraths und Chef des Justiz- und Polizeidepartements von Genf. Derselbe ließ am 8. April das Centralcomité der Association ersuchen, Delegirte aller Baugewerke Behufs einer Verständigung auf sein Büreau zu entbieten. Schon am dritten Tage der Verhandlungen kam ein Vergleich zu Stande. Die Arbeiter erhielten von den Meistern die Herabsetzung der Arbeitszeit um eine, bezüglich zwei Stunden, und die Erhöhung des Arbeitslohns um 10 Procent bewilligt.

Noch an demselben Abend (11. April) ließ Herr Camperio durch Maueranschlag verkünden, daß durch seine Vermittelung der

Conflict zwischen den Arbeitern und Arbeitgebern geschlichtet, die Arbeitseinstellung als beendet zu betrachten sei, und daß am Montag (13. April) die Arbeiten wieder beginnen würden.

Auch die internationale Arbeiterassociation ließ ohne Zögern durch Maueranschlag die glückliche Beendigung der Arbeitseinstellung bekannt machen, und indem sie den Arbeitern für ihre wackere Haltung in den Wochen des Kampfes dankte, ersuchte sie dieselben, alles Vorgefallene zu vergessen und am Montag mit frohem Muth an die Arbeit zu gehen.

Für die internationale Arbeiterassociation hatte dieser Conflict einen massenhaften Beitritt der Arbeiter in der Schweiz zur Folge.

3. Blutiger Conflict zwischen der belgischen Regierung und den Grubenarbeitern im District von Charleroi.
(März 1868.)

Belgien ist das Paradies des Bourgeois. Seine Verfassung das Ideal eines Bourgeois-Musterstaats. Seine Regierung eine die Kapitalherrschaft vertretende Agentur der Bourgeoisie. Nichts ist natürlicher, als daß in diesem Lande bei der geringsten Collision der Interessen des Kapitals und der Arbeit der Conflict seine blutige Lösung durch Pulver und Blei erhält.

Je rückhaltloser die internationale Arbeiterassociation hier der Sache der Unterdrückten und Verfolgten sich angenommen hat, desto mehr dürfte es geboten erscheinen, die Ursachen der Arbeiterunruhen im Kohlenbecken von Charleroi nach allen Richtungen zu beleuchten.

Unter den nationalen Industrieen der verschiedenen Länder steht die Kohlen- und Eisenindustrie obenan. Beide Industriezweige bilden ein zusammenhängendes Ganze. Ohne Kohlen wäre kein Betrieb der Hüttenwerke und Hochöfen möglich, und für die Kohlengruben sind wiederum die Hochöfen und Hüttenwerke der bedeutendste Consument. Daher macht sich jede Fluctuation in dem einen Industriezweig sofort dem andern fühlbar und eine, gleich allen Krisen periodisch wiederkehrende metallurgische Krise hat einen gleichzeitigen, unmittelbaren Rückschlag auf die Kohlenpreise zur Folge.

Das in Bezug auf Kohlen und Eisen von der Natur am Meisten begünstigte Land ist England. Dort liegt beides so ziemlich an der Oberfläche des Bodens und kann mit leichter Mühe gehoben werden. Am Meisten vernachlässigt ist dagegen Frankreich, welches fast gar keine Kohlen producirt und dessen Hochöfenindustrie auf den Consum englischer, resp. preußischer Kohle angewiesen ist. Während nun aber für Frankreich die Einfuhr fremder Kohlen eine ökonomische Nothwendigkeit ist, ist sie für das selbst Kohlen producirende Belgien eine sehr unangenehme Concurrenz, namentlich da in Bezug auf den Transport England und Preußen (durch die Wasserstraße des Rheins und seiner Nebenflüsse) mehr begünstigt sind, als Belgien, und die Kosten des Transports denjenigen Factor ausmachen, welcher die lokalen Preise der Kohlen bestimmt.

Der allgemeine Preis der Kohlen eines jeden Landes hingegen ist durch den dafür gezahlten Arbeitslohn bedingt, dessen internationale Bedeutung bei der Verschiedenheit der auf die Production eines gleichmäßigen Quantums Kohle in den verschiedenen Ländern verwandten Arbeitszeit in die Augen springt. Ebenso verschieden, wie die Arbeitszeit ist auch der Arbeitslohn, und zwar in England um mindestens $26\tfrac{2}{5}$ Procent höher, als auf dem Continent.*)

Für die Arbeiter in den Kohlengruben der verschiedenen Länder ergiebt sich aus diesen Verhältnissen folgendes Resultat:

So oft eine metallurgische Krise oder sonstige ungünstige Handelsconjunctur den Preis der Kohlen herabdrückt, suchen die Grubenbesitzer die Arbeitslöhne herabzudrücken. Und da sie wissen, daß diese schon so niedrig sind, daß jede weitere Herabsetzung eine Härte ist und unter Umständen, z. B. in Zeiten der Theuerung, den Arbeiter leicht zur Verzweiflung treiben kann, sind sie genöthigt, nach plausiblen Gründen der Lohnherabsetzung zu haschen.

---

*) Nach den Ermittelungen von Richard Whiting. Um festzustellen, inwieweit die Arbeiter in Frankreich schlechter situirt seien als ihre Collegen in England, ging dieser von der Annahme aus daß ein Arbeiter bei dem Unterschied der Preise für die nothwendigsten Lebensbedürfnisse in beiden Ländern mit 5 Frcs. in Frankreich ebensoweit komme, wie mit 5 Shillingen (d. i. 6 Frcs.) in England. Dies giebt von vornherein eine Differenz von 16⅔ Proc. welche durch die Verschiedenheit der Preise gerechtfertigt ist. Indem nun Whiting kurzweg Franken und Shillinge als gleiche Werthe für beide Länder identificirte, fand er, daß der Arbeitslohn in Frankreich noch außerdem um mindestens 10 Proc. niedriger ist, als in England. Die Löhne in Frankreich aber stehen mit denen in Belgien und Rheinpreußen auf ziemlich gleicher Stufe.

Deren giebt es in der Regel blos zwei, von denen der eine nur für England, der andere nur für den Continent brauchbar ist. Der plausible Grund des englischen Grubenbesitzers sind die niedrigen Arbeitslöhne auf dem Continent. Der plausible Grund des continentalen Grubenbesitzers ist der niedrige Preis und die Concurrenz der englischen Kohle. Wie sich unter solchen Verhältnissen die sociale Lage der belgischen Kohlenarbeiter gestaltet hat, darüber giebt folgender treffende Artikel des „Demokratischen Wochenblatts"*) Aufschluß:

„Es ist kaum eine traurigere Lage denkbar, als die des belgischen Kohlenarbeiters. Zur industriellen Maschine herabgewürdigt, hat er aufgehört, gesellschaftliche Rechte und Pflichten zu besitzen. Er ist nur noch eine Sache, die in dem Inventar der Grubenbesitzer neben den Pferden, Eseln, Werkzeugen und dem sonstigen Arbeitsmaterial figurirt. Das ist Thatsache. Eine Gesellschaft von Grubenbesitzern hält sich für um so reicher, je größer die Zahl von Arbeitern ist, welche sie in ihrer Hand hat. Wenn eine Gesellschaft „aus Menschenliebe" eine Arbeiterstadt gründet, so bringt ihr das darauf verwendete Kapital höchstens 2 bis 3 Procent direct. Aber der indirecte Vortheil ist unverhältnißmäßig größer; er besteht darin, eine größere Zahl von Arbeitern, die mit ihrer Existenz an die Grube gekettet sind, zu besitzen, und auf diese Weise den Betrieb der Grube unter allen Umständen zu sichern. Es wäre zutreffender, den Kohlenarbeiter einen Leibeigenen oder Sklaven zu nennen, statt ihm den Titel eines freien Menschen zu geben, womit die Volkswirthe der Bourgeoisie so außerordentlich freigebig sind.

„Unter allen Arbeiterklassen trägt die der belgischen Kohlenarbeiter das Zeichen der Sklaverei am deutlichsten auf der Stirn. Unwissenheit, Verthierung, körperliche und sittliche Verkommenheit, das sind die traurigen Folgen der unbeschränkten Kapitalgewalt in einer Industrie, die schon an und für sich den Menschen mehr entwürdigt, als vielleicht jede andere. Die Bourgeoisie gefällt sich freilich darin, das Elend des Kohlenarbeiters seinen natürlichen

---

*) Demokratisches Wochenblatt, Organ der deutschen Volkspartei. Leipzig, Druck und Verlag von C. W. Vollrath. Verantwortlicher Redacteur: Wilhelm Liebknecht.

Fehlern und Lastern, seinem Mangel an Voraussicht, seinem Leichtsinn, seiner Genußsucht zuzuschreiben. Sie hütet sich weislich, zu den Quellen dieser Erscheinung zurückzugehen und die Ursachen und Umstände aufzudecken, welche mit Nothwendigkeit einen Zustand erzeugen, dem mit müßigem Bedauern nicht abgeholfen wird, dem aber abzuhelfen, und zwar so schnell als möglich, in dem allgemeinen Interesse liegt.

„Zu den besonderen Ursachen, welche aus dem Kohlenarbeiter eine Maschine von Fleisch und Knochen machen, gehört zunächst die Natur und Beschaffenheit der Arbeit selbst; dann die außerordentliche Länge der Arbeitszeit, eine Länge, die nach den ökonomischen Gesetzen der gegenwärtigen gesellschaftlichen Organisation in demselben Maße sich auszudehnen trachtet, wie die Schwere der Arbeit fortwährend steigt.

„Die Arbeit des Kohlenbergmanns ist rein körperlich; sie erfordert durchaus keine geistige Anstrengung. Das Gehirn des Kohlenarbeiters ist fast gar nicht thätig; seine geistigen Fähigkeiten, denen es an jeder Anregung gebricht, bleiben in einem elementaren, trägen, traumartigen Zustande, und folglich sind seine Ideen äußerst beschränkt. Wie seine Thätigkeit eine rein körperliche, so sind auch seine Bedürfnisse und Neigungen rein physischer und thierischer Art. Die geistige und sittliche Erniedrigung des Kohlenarbeiters kann nicht in Erstaunen versetzen, wenn man die Art seiner Beschäftigung betrachtet. Bei dem verderblichen Einflusse körperlicher Anstrengungen, welche den Organismus verunstalten, wäre es sogar unmöglich, daß sich die Sitten und moralischen Gewohnheiten des Kohlenarbeiters nicht im Widerspruch mit der Vernunft befänden.

„Der Werth eines Kohlenarbeiters wird nur nach seiner Muskelkraft geschätzt; die Intelligenz zählt nicht, sie ist unnütz. Um in den Gruben zu arbeiten, braucht es keine Geschicklichkeit, kein Talent, keinen Unterricht; die körperliche Kraft allein genügt. Ein kleines Gemälde der verschiedenen Verrichtungen in den Kohlenbergwerken wird dem Leser zeigen, daß es unter dem gegenwärtigen nationalökonomischen Regiment für den Kohlenarbeiter unmöglich ist, sich körperlich, geistig und sittlich zu entwickeln.

„Die Arbeit in den Minen ist im Allgemeinen folgendermaßen eingetheilt: die ouvriers à veine brechen die Kohlen in den Adern los, welche die bouteurs aus den Gängen schaffen, und die chargeurs à la taille auf die Karren oder Hunde laden. Diese Karren werden von den selôneurs nach den Schachten gezogen, wo die Kohlen emporgewunden werden. Die coupeurs de voies, die releveurs und meneurs de terres graben die Schachte und Galerien und transportiren die Erde und Steine. Alle diese Arbeiten werden bei dem Scheine einer kleinen Lampe in einer ungesunden von Staub erfüllten Luft ausgeführt. Der Kohlenarbeiter muß bei seiner Beschäftigung eine Lage annehmen, die nichts weniger als natürlich ist. Er muß entweder auf der Seite oder auf den Knien liegen, sich zusammenkauern oder mühsam bücken, und oft kann er sich nur kriechend fortbewegen. Das Alles macht seine Lage härter und peinlicher, als die eines Erdarbeiters oder Ackerknechts, dessen Beschäftigungen zwar ebenfalls ganz materieller Art sind, aber wenigstens in freier Luft und Tageshelle ausgeübt werden.

„Ist es unter solchen Umständen ein Wunder, wenn der Kohlenarbeiter geistig und sittlich auf einer so tiefen Stufe steht? Wie vermag ein Mensch, der täglich 15 bis 18 Stunden in einem finstern, mit schlechter Luft angefüllten Loche arbeiten muß, auch nur die Spuren derjenigen Eigenschaften zu bewahren, welche den Menschen von dem Thiere unterscheiden? Das bestorganisirte, mit den glücklichsten geistigen Anlagen begabte Geschöpf muß unter einem solchen Regimente, welches die Fähigkeiten des Individuums zu vernichten strebt, unausbleiblich und schnell verthieren. Denn heute kann man nicht mehr den Einfluß des Körpers auf den Geist, des Physischen auf das Moralische in Abrede stellen. Der physische Zustand deutet gewöhnlich den geistigen des Individuums an. Der Bericht der Handelskammer zu Mons von 1844, also ein officielles Aktenstück, schildert den Kohlenarbeiter in folgender Weise: „Diese Arbeiter haben in ihrer Jugend eine bleiche Gesichtsfarbe, ihr Wuchs ist gekrümmt, sie haben Säbelbeine und ihr Gang ist langsam. Fast immer tragen sie in einem Alter von 40 bis 50 Jahren den Stempel eines vorzeitigen Greisenthums."

„Bidaut, ein Mineningenieur, sagte 1843 in einem officiellen Bericht: „Man kann nicht in Abrede stellen, daß diese Beschäftigung (des Kohlenarbeiters), deren Ausübung das Sonnenlicht entzieht, andere Gase als die atmosphärische Luft einzuathmen nöthigt, den Körper zur Annahme anderer Lagen als der natürlichen zwingt, ihn fortwährend Gefahren aussetzt u. s. w., eine solche ist welche den Menschen am weitesten von den normalen Bedingungen seiner Existenz entfernt und daher der Gegenstand besonderer Maßregeln sein muß. Für mich ist dies außer Zweifel."

"Was im Jahre 1843 richtig war, ist es auch noch im Jahr 1868. Der physische und moralische Zustand des Kohlenarbeiters hat sich — wenn nicht verschlechtert — so doch sicherlich nicht verbessert. — Die Arbeitszeit ist seitdem nicht vermindert, sondern eher vermehrt worden, und die Löhne sind, abgesehen von der gegenwärtigen Geschäftsstockung, dieselben geblieben, während der Preis der Lebensmittel gestiegen ist. Sind bedeutende Verbesserungen in der Grubenarbeit eingeführt worden, so sind es doch nicht die Arbeiter, welche Nutzen davon ziehen. Fährt z. B. der Kohlenarbeiter nicht mehr auf Leitern in die Gruben ein und aus, so kommt die dadurch erzielte Zeit und Kraftersparniß dem Patron in der größeren Summe der gelieferten Arbeit zu Gut. Die Folge von alle dem ist, daß der Kohlenarbeiter keine geistige Gelenkigkeit besitzt, daß er Unterricht und Bildung als die Beschäftigung von „Müßiggängern" verachtet, daß er seine Kinder nicht in die Schule schickt, und daß er sich in den gröbsten Genüssen und Vergnügungen gefällt. Haben die Grubenbesitzer ein Interesse, den Kohlenarbeiter in diesem thierähnlichen Zustande zu erhalten, so steht ihnen eine Menge kleiner Industrieen zur Seite, welche allein von dem Arbeiter leben und mithin ihren Vortheil nicht mehr finden würden, wenn der Arbeiter nüchtern, vorsichtig, sparsam würde. Sie stellen den Kohlenarbeitern überall ihre Fallen, um ihnen das Letzte abzulocken, und wie leicht ist es nicht, Menschen zu verführen, die ohne jeden Schulunterricht sind, und deren geistiges Vermögen im Winterschlaf liegt.

„Ein solcher Zustand der Dinge kann und darf nicht länger dauern. Es ist vergebens, an die Pflichten der Menschlichkeit zu mahnen; sie ist ohnmächtig gegenüber den Gesetzen der Bourgeois-Oekonomie. Aber die Bourgeoisie befindet sich in einem großen Irrthum, wenn sie wähnt, sie könnte die Arbeiter zu Leibeigenen und Thieren herabwürdigen, ohne daß die moralischen Folgen auf sie zurückfielen. Man betrachte nur diese Bourgeoisie der Kohlenbecken und Fabrikstädte! Woher diese Verachtung der Bildung, der Wissenschaft, dieser Mangel selbstthätigen Denkens außerhalb den Grenzen des Geschäfts, diese rohe Genußsucht, welche sie kennzeichne?

Es ist dieselbe Erscheinung, welche bei den Pflanzern und Sklavenzüchtern der Vereinigten Staaten zu Tage trat. Waren dort die Sklaverei und Sklavenarbeit die Ursache der Demoralisation, so werden auch hier wohl die ähnlichen Wirkungen zum Schlusse auf ähnliche Veranlassungen berechtigen. Je tiefer der Arbeiter hinabgedrückt wird, je tiefer sinkt ihm der Patron nach und verkommt moralisch wie jener, in welchem er den Menschen zu achten aufgehört hat.

„Die Arbeiter selbst haben das Mittel gefunden gegen die Uebel der Privatindustrie, unter denen sie leiden, und welche rückwirkend den Körper der Gesellschaft mit Eiterbeulen bedecken. Das Mittel heißt: Unterricht nnd Genossenschaft. Nur die Verkürzung der Arbeitszeit kann es möglich machen, daß die Wohlthaten des Unterrichts und der Bildung auch dem Arbeiter zu Theil werden. Nur die Theilnahme an den Wohlthaten des Kapitals kann ihn vor dem Elende schützen, dem er jetzt wehrlos preisgegeben ist.

„Die moralische und materielle Hebung des Arbeiters ist eine Frage der socialen Gerechtigkeit, wie des öffentlichen Wohls. Diese Frage zu lösen, giebt es kein anderes Mittel, als Volkserziehung und die Bildung von Cooperativ-Genossenschaften. Diese Mittel ins Werk zu setzen, zu fördern und zu unterstützen, ist die Aufgabe des Staats. Er vernichtet sich selbst, wenn er müßig zusieht, wie die Folgen der Bourgeois-Oekonomie die Gesellschaft zerfressen und zersetzen."

Schon im Februar 1867 hatten Unruhen unter den Grubenarbeitern zu Marchienne stattgefunden, die nur mit Waffengewalt unterdrückt werden konnten. Ursache war die herrschende Theuerung, namentlich die hohen Brodpreise in Folge der schlechten Erndte von 1866. Um von den englischen Arbeitern Beiträge zur Unterstützung der Familien der unglücklichen Schlachtopfer zu erlangen, hatte der Generalrath der internationalen Association Anfangs März 1867 folgenden Aufruf erlassen:

Centralrath der internationalen Arbeiterassociation.
18. Bouverie Street, E. C., London.

An die Kohlen- und Eisenarbeiter von Großbritannien.

Arbeiter! Erst vor wenigen Tagen hat ein Orakelspruch der

„Times" den Ruin und die Zerstörung der britischen Eiseninduftrie für den Fall geweißfagt, daß die Mitglieder der Gewerbe-Vereine dabei verharrten, nicht unter einem gewiffen Preise arbeiten zu wollen. Die Belgier mit ihren billigen Kohlen und niedrigen Löhnen, hieß es, werden sowohl im eigenen Lande, als auch auf den auswärtigen Märkten den Handel an sich reißen. Zwei Brieffchreiber der „Times", die Herren Creed und Williams, verbreiteten sich ausführlich über das Glück der belgischen Gruben- Hütten- und Hochöfen-Besitzer, nicht mit drückenden Fabrikordnungen und Gewerbe-Vereinen geplagt zu sein; die belgischen Kohlen- und Eisenarbeiter arbeiteten willig mit Weib und Kind 12—14 Stunden per Tag für weniger als den Arbeitslohn den ihre englischen Collegen für zehnftündige Arbeit erhielten. Doch kaum war die Druckerschwärze getrocknet, als die Nachricht ankam, daß diese willigen Geschöpfe revoltirt hätten. Die Eiseninduftrie, fagt der „Economiste Belge", kränkelt schon feit geraumer Zeit in Folge der hohen Kohlenpreise und des unergiebigen Ertrages der Gruben. Dasselbe Blatt fagt ferner: „Die Unwiffenheit der Grubenarbeiter ist so tief, ihre Rohheit so groß, die Art ihrer Geldverausgabung so liederlich und unbedachtfam, daß die höchften Arbeitslöhne unzureichend sein würden." Und das ift kein Wunder. Die Verantwortlichkeit hierfür tragen Diejenigen, welche fie von der Wiege bis zum Grabe im Zuftande viehifcher Knechtfchaft erhalten.

Anfangs Februar wurden drei Hochöfen in der Nachbarfchaft von Marchienne außer Betrieb gesetzt, die andern Hüttenbefitzer kündigten auf der Stelle eine Lohnherabsetzung von 10 Procent an, die Grubenbefitzer von Charleroi folgten dem Beifpiel, und dennoch fagt der „Economiste belge", daß niemals eine größere Nachfrage und ein höherer Preis für Kohlen dagewefen fei, als gerade jetzt. Noch verfchlimmert wurde das Uebel durch ein gleichzeitiges Steigen der Mehlpreife, um so mehr, als die Kohlen- und Eifenpatrone auch Eigenthümer der Mahlmühlen diefes Diftricts find. Ein großer Theil der Arbeiter war aufs Aeußerfte erbittert, und ohne Organifation und nicht gewohnt, die gemeinfchaftlichen Angelegenheiten zu berathen, hatte er keinen Actionsplan zur Richtfchnur.

Die Arbeiter verfammelten fich auf den Landstraßen und gingen von Ort zu Ort, in der Abficht, diejenigen, die geneigt fein follten, zum herabgesetzten Lohnpreis zu arbeiten, daran zu verhindern.

Die Grubenarbeiter von Charleroi kamen auf ihrem Wege bei einer Mahlmühle an, zu deren Schutz 100 Soldaten mit geladenem Gewehr aufgestellt waren. Dies provocirte einen Angriff seitens der Arbeiter, das Resultat sind: Todte, Verwundete und Gefangene. Diese armen herausgeforderten und übel behandelten Schlachtopfer haben jenseit des Grabes und des Gefängnisses Familien hinterlassen, die sich in der traurigsten Noth befinden. In Belgien wagt Niemand zu ihren Gunsten ein Wort zu äußern. In Bezug auf den Gang, den ihre Action genommen hat, haben diese Leute sich geirrt und sind mißleitet worden, und doch sind sie für die Sache der Arbeit gefallen, und ihre Hinterbliebenen verdienen Theilnahme und Unterstützung. Geldhülfe für die Wittwen und Waisen, und der moralische Einfluß, den eine von auswärts kommende Gabe ausüben würde, würde der tiefen Entmuthigung, welche sich der ganzen Klasse bemächtigt hat, ein Ende machen und dürfte zu Mittheilungen und zu einem Austausch der Meinungen führen, der unsern continentalen Brüdern eine bessere Idee davon beibringen würde, wie die Kämpfe der Arbeit gefochten werden müssen, und was für eine Organisation und Bildung die Armee der im Kampf begriffenen Arbeiter erfordert.

Der Centralrath der internationalen Arbeiterassociation wendet sich mit der Bitte um Berücksichtigung an Euch, denn die Sache der Arbeiter eines Landes ist die der Arbeiter aller Länder.

gez. George Odger, Präsident.
S. George Eccarius, Vicepräsident.
R. Shaw, Secretär.

Die englischen Kohlen- und Eisenarbeiter entsprachen trotz der eigenen Bedrängniß willig und gern der an sie gerichteten Aufforderung. Deßhalb war aber auch der Einfluß der internationalen Association auf die arbeitende Bevölkerung Belgien's in stetem Steigen begriffen, bis im März 1868 im Bezirk von Charleroi Vorgänge sich ereigneten, welche der internationalen Association in ganz Belgien Bahn brachen und ihr sociales Uebergewicht entschieden.

Der Anlaß der Arbeiterunruhen dieses Jahres war folgender. Große Ueberproduction von Kohlen hatte stattgefunden. Der Kohlenverbrauch in Belgien war theils dadurch vermindert worden, daß aus der allgemeinen Geld- und Finanzkrise von 1866 eine metallurgische Krise hervorgegangen war, welche vorzugsweise schwer auf der Hütten- und Hochöfenindustrie Frankreichs und Belgiens lastete, theils durch die Konkurrenz preußischer mit belgischer Kohle. Die Besitzer der belgischen Gruben nämlich hatten eine Coalition gebildet, um den Preis ihrer Kohlen hinaufzutreiben. Da aber fanden es die Besitzer von Hütten und Hochöfen vortheilhafter, ihre Kohlen vom Auslande zu beziehen, und um keiner Preissteigerung ausgesetzt zu sein, schlossen sie auf mehrere Jahre Contracte ab. Für die Grubenbesitzer handelte es sich nun darum, diesen durch ihre Habsucht veranlaßten Ausfall zu decken und vor Allem die Production zu vermindern. Beiläufig mag hier erwähnt werden, daß ein großer Theil der belgischen Kohlengruben durch anonyme Handelsgesellschaften betrieben wird, die mit mächtigen Kapitalien operiren und in den letzten Jahren an ihre Actionäre ungeheure Dividenden vertheilt haben. Die Eigenthümer und Directoren der Gruben entschlossen sich nun zunächst, die Wochenarbeit auf 4 Tage zu reduciren, was für die Arbeiter einen Ausfall von $33\frac{1}{3}$ Proc. ihres regulären Arbeitslohnes ausmachte. Als auch dies nicht genügte, um das gestörte Gleichgewicht zwischen Angebot und Nachfrage wiederherzustellen, beschlossen sie, die Kohlenpreise herabzusetzen. Um aber nicht die Dividenden ihrer Actionäre herabsetzen zu müssen, setzten sie den schon auf $66\frac{2}{3}$ Proc. seines Normalbetrages reducirten Arbeitslohn um fernere 10 Proc. herab. Und gerade in dieser Zeit waren die Preise für die nothwendigsten Lebensmittel in Folge zweier Mißernten von 1866 und 1867 höher wie je. Die halb ausgehungerten Kohlenarbeiter, die ihre unfreiwilligen Ruhetage schon schmerzlich empfunden hatten, widersetzten sich der Lohnherabsetzung, welche sie geradezu dem Hunger preisgab, die Arbeitseinstellung wurde allgemein und verbreitete sich über den ganzen District von Charleroi. Hunger und Elend trieb diese Unglücklichen zum Aufstand, zur Plünderung, sonst würden wahrlich nicht die Weiber gewissermaßen sich an die Spitze gestellt haben und den Arbeitertrupps voraufmarschirt sein mit Stangen, an die einige Fetzen angenagelt waren.

Die Kapitalisten ließen nun Regierungs- und Militärgewalt interveniren und provocirten in der berechnetsten Weise blutige Conflicte, worin viele Arbeiter getödtet, verwundet und gefangen wurden. Der erste Zusammenstoß fand statt am 25. März in der Nähe von Charleroi. Die Arbeiter waren eben im Begriff, dem gütlichen Zureden eines Officiers, der mit ihnen parlamentirte, zu weichen und sich zu zerstreuen, als ein vereinzelter Steinwurf, der den kommandirenden Major getroffen hatte, diesen veranlaßte, Feuer zu kommandiren. 7 Todte und 13 Verwundete war der Erfolg dieses ersten Zusammenstoßes, welchem andere Conflicte mit der Gensdarmerie und Kavallerie folgten. In Arsimont erschienen, noch ehe eine Gewaltthat irgend welcher Art stattgefunden hatte, Gensdarmen und der Staatsanwalt und nahmen unter den Arbeitern, die eben erst ihre Arbeitseinstellung angezeigt hatten, Verhaftungen vor. Der Polizei unmittelbar auf dem Fuße folgten Soldaten, welche ohne Weiteres auf die insgesammt von der Grube heimkehrenden Arbeiter einhieben.

Nur die Mord- und Blutscenen des Negeraufstandes in Jamaika sind in der neueren Geschichte diesen Scheußlichkeiten als ebenbürtig an die Seite zu stellen. Hier, wie dort, feierten die Kapitalisten ihre blutigen Orgien. Hier, wie dort, hofften sie, durch Handlungen der äußersten Brutalität den letzten Rest von Widerstandsgeist und Selbstgefühl auf Seiten der Arbeiter zu brechen. Der lustige, übermüthige und humoristisch sein sollende Ton, womit sie ihre „terreur blanche" feierten, zeige u. A. folgender Auszug aus ihrem Organ, der „Indépendance Belge" vom 1. April 1868:

„Das Land ist mit Truppen bedeckt, und wenn sie sich zurückziehen werden, so werden alle diejenigen Individuen, die als Führer bezeichnet worden, so wie alle diejenigen, die im Allgemeinen als gefährlich bekannt sind, sich hinter Schloß und Riegel befinden. Das ist eine Maßregel der Klugheit, die durch die Umstände geboten ist. . . Die Verhaftungen finden statt unter großer Entfaltung militärischen Schaugepränges, theils um einen niederschmetternden Eindruck auf die Gemüther der Bevölkerung hervorzubringen, theils um gegen jeden Handstreich auf der Hut zu sein, der zu dem Zweck, die Gefangenen der bewaffneten Macht zu entreißen, versucht werden könnte. . . . Bei einem dergestalt organisirten Druck auf die Massen wird man leicht begreifen können, daß der Aufstand gar nicht daran denken kann, sein Haupt wieder zu erheben. Das blutige Drama hat übrigens eine tiefe Wirkung der Einschüchterung hervorgebracht. . . . Diese unruhige, aber keineswegs gefährliche Masse von Ruhestörern wird noch vor dem heutigen

Abend in einen Zustand völliger Ohnmacht versetzt sein. Man wirft alle Führer, deren Stimme sie in den letzten Tagen gehorcht hat, ins Gefängniß, und verhaftet selbst diejenigen, deren Stimme zu gehorchen sie vielleicht versucht sein könnte. ... Es ist eigentlich nicht mehr die Militärmacht, welche hier mit starkem Arm eingreift, sondern die Polizei. ... Man erholt sich Raths von den Bürgermeistern, Polizeiofficianten und Brigadiers der Gensdarmerie in den Landgemeinden und läßt im eigenen Hause alle diejenigen verhaften, welche die Berichte als Unruhstifter bezeichnen."

Mitten unter der Betäubung, in welche diese Brutalitäten den zunächst getroffenen Theil der Arbeiter versetzt hatten, erhob das Brüsseler Centralcomité der internationalen Association für Belgien die Stimme in der Presse, berief Volksversammlungen, brandmarkte die Patrone und ihren Helfershelfer, die Regierung, elektrisirte die belgische Arbeiterklasse zum gemeinsamen Widerstand, verschaffte den Verfolgten Rechtsbeiständer und Vertheidiger, und erklärte die Sache der Kohlenarbeiter von Charleroi für gemeinsame Angelegenheit der internationalen Arbeiterassociation. Der Generalrath zu London, wie auch die beiden Comité's zu Paris und Genf, unterstützten das Brüsseler Comité.

Nachdem die Bewegung unter den Kohlenarbeitern im Landbezirk von Charleroi mit Waffengewalt unterdrückt worden war, thaten die Patrone nichts, die feiernden und hungernden Arbeiter zu versöhnen. Ihnen war damit gedient, daß sie ihre Gruben auf längere Zeit schließen konnten. Die Regierung that ebenfalls nichts. Die Arbeiter, denen von keiner andern Seite Unterstützung zufloß, außer von der internationalen Arbeiterassociation, die wiederum durch die gleichzeitigen Vorgänge in Genf in Anspruch genommen war, und deren Hülfscomité's erst in der Organisation begriffen waren, waren dem Verhungern nahe. Da aber ward es der städtischen Bevölkerung von Charleroi, die das täglich wachsende Elend mit ansehen mußte, unheimlich zu Muth. Die liberale Association von Charleroi drohte der Regierung, daß, wenn sie den arbeitslosen Arbeitern nicht auf der Stelle Arbeit geben würde, ihr Wahlcomité sich auflösen und den Katholiken das Feld räumen würde. Diese Drohung wirkte. Die Furcht, bei den nächsten Wahlen eine Stimme zu verlieren, nicht der Nothschrei der am Hungertuch nagenden Arbeiterbevölkerung war es, was die liberale Regierung im Mai 1868 veranlaßte, zur Ausführung bedeutender öffentlicher Bauten zu schreiten.

Währenddem geht die Untersuchung gegen die Märzgefangenen ihren Gang. Welcher Art auch das Ende sein mag, gleichviel ob die Richter auf Verurtheilung, ob auf Freisprechung erkennen, in jedem Fall erleidet die Regierung eine Niederlage. Die Arbeiter wissen, daß sie von der Regierung nichts als Pulver und Blei oder Gefängniß zu erwarten haben. Es ist nicht die Regierung, von welcher sie Abhülfe ihrer gerechten Beschwerden, Schutz und Beistand gegen die Uebergriffe der Patrone erwarten. Die Regierung selbst hat den Arbeitern die Augen darüber geöffnet, von wo die Hülfe kommen muß, auf wen sie ihr Augenmerk zu richten haben. Und das ist nicht die Regierung, sondern — die internationale Arbeiterassociation.

9. Politische Thätigkeit des Generalraths der internationalen Arbeiterassociation.

Getreu dem Programm, worin er die Arbeiter aufgefordert hatte, ihre sociale Emancipation dadurch vorzubereiten, daß sie politische Macht eroberten, versäumte der Generalrath über seiner socialen Thätigkeit keineswegs, bei passenden Gelegenheiten auch politisch zu interveniren. Die bedeutendsten Schritte auf diesem Gebiete waren folgende.

1. Schon vor Stiftung der Association hatten die einzelnen Mitglieder des Generalraths in ihren Kreisen für die Sache der nordamerikanischen Union gewirkt. In demselben Maße, wie die Regierung und die herrschenden Klassen die Conföderirten begünstigt, das durch die Blokade der amerikanischen Häfen in England verursachte Elend als Hebel benutzt und alle möglichen Mittel angewandt hatten, um Demonstrationen englischer Arbeiter für die Secessionisten hervorzurufen, in demselben Maße hatten die Führer der Arbeiter diese Intriguen vereitelt, die Regierung und das Volk der

Vereinigten Staaten durch Adressen von der wahren Stimmung der Massen in England unterrichtet uud Massendemonstrationen der Londoner Arbeiter zu Gunsten der Union veranstaltet. Die durch die Abstimmung vom 8. November 1864 gesicherte Wiederwahl Lincoln's gab dem Generalrath Anlaß zu einer Glückwunschadresse. Gleichzeitig berief er Massenmeetings für die Sache der Union. Deßhalb hat Lincoln in seinem Antwortschreiben die Dienste der internationalen Arbeiterassociation für die gute Sache auch ausdrücklich anerkannt.

2. Ferner berief der Generalrath von Zeit zu Zeit öffentliche Meetings, um die Sympathie der englischen Arbeiter für Polen rege zu halten und die Uebergriffe Rußlands in Europa bloszustellen.

3. Als nach den Ereignissen von 1866 in Deutschland Krieg zwischen Frankreich und Preußen bevorzustehen schien, und die Regierungsblätter in Frankreich alles Mögliche aufboten, das Feuer zu schüren, den nationalen Ehrgeiz der Franzosen herauszufordern und nationalen Haß zwischen Frankreich und Deutschland zu erzeugen, veranlaßte das Pariser Centralcomité der internationalen Arbeiterassociation überall in Frankreich Demonstrationen von Seiten der Arbeiter gegen die Kriegspartei, erließ Sympathieadressen an die deutschen Arbeiter und Arbeiter-Vereine und verhinderte, daß die französischen Arbeiter in die ihnen gestellte Falle gingen. Der Geschichte bleibt es vorbehalten festzustellen, inwieweit die durch diese thatkräftige Initiative hervorgerufene antichauvinistische Haltung der Arbeiterklassen Frankreichs damals den Krieg, zu welchem ein Vorwand sich glücklich gefunden hatte, verhindert hat.

4. An der Entstehung und Bildung der englischen Reform-Liga, deren Agitation die Parlamentsreform von 1867 hervorrief, nahm der Generalrath der internationalen Arbeiterassociation hervorragenden Antheil. Bis zu dieser Stunde sind die thätigsten Mitglieder der Executive der Reform-Liga Mitglieder des Generalraths. Die öffentlichen Demonstrationen in London, welche den Rücktritt des toryistischen Ministers des Innern, Mr. Walpole, zur Folge hatten, und die Indignationsmeetings in allen Hauptstädten des Landes, waren ihr Werk.

5. Die Procedur gegen die des Mordes angeklagten Fenier in

Manchester*) hielt der Generalrath für Farce und ungesetzlich. Als im November 1867 die Hinrichtung bevorstand, sandte der Generalrath eine Petition an die englische Regierung, diese vor Blutvergießen warnend. Zugleich hielt er inmitten der Panik, die das Manchester Ereigniß in London hervorgerufen hatte, eine öffentliche Sitzung, in welcher die Rechte Irlands und der Irländer vertheidigt wurden. Dies war die erste Kundgebung, die zu Gunsten der unglücklichen Opfer der Justiz stattfand. Die „Times" und die gesammte Tagespresse stattete darüber Bericht ab. Die Stimmung unter den Londoner Arbeitern wurde dadurch so umgewandelt, der Plan der englischen Aristokratie, die englischen Nationalvorurtheile auszubeuten, um die stark mit irländischem Element versetzte Arbeiterklasse in zwei feindliche Fraktionen zu spalten, so vereitelt, daß die Organe der englischen Aristokratie, z. B. die „Saturday Review", anfingen, die internationale Arbeiterassociation als staatsgefährlich zu denunciren.

10. Conflicte mit den Regierungen.

1. Conflict mit der französischen Regierung.

In Frankreich existirt bekanntlich ein Gesetz, wonach keine Gesellschaft von mehr als 20 Personen ohne Autorisation der Regierung bestehen darf. Nach dem Wortlaut dieses Gesetzes sind die meisten industriellen und commerciellen Gesellschaften in Frankreich ungesetzlich oder existiren nur auf Duldung. Denn nach einer Ent-

---

*) Am 18. September 1867 hatten bewaffnete Fenier in Manchester einen von Polizei eskortirten Gefangenwagen angegriffen und zwei politische Gefangene (Fenieroffiziere) befreit. Dabei war ein Polizeisergeant getödtet worden. Gegen das englische Gesetz, welches für alle Justiz-Distrikte des Landes periodische, regelmäßig wiederkehrende Assisen festgesetzt hat, wurde der Fall einer Specialkommission, einem Ausnahmegerichtshof, überwiesen, und die der Theilnahme an der Attaque bezüchtigten Fenier wegen Mordes des Polizeisergeanten unter Anklage gestellt. Zum Richter wurde Mr. Blackburn ernannt, welcher durch Trugschlüsse aller Art die Jury zu überzeugen wußte, daß jeder der Angeklagten, welcher der

scheidung des Kassationshofes ist die Autorisation eine stillschweigende (tacite), wenn die betreffende Gesellschaft öffentlich ist und für längere Zeit nicht von Regierungswegen aufgelöst wird. Ob autorisirt oder nicht autorisirt, jedenfalls sollte man meinen, daß die Regierung höchstens das Recht habe, solche Gesellschaften, zu deren Bildung sie stillschweigende Autorisation gegeben hat, aufzulösen, nicht aber die Mitglieder zu bestrafen.

Was nun die Organisation der internationalen Arbeiterassociation in Frankreich betrifft, so ist sie folgender Art. Alle Zweiggesellschaften in Frankreich existiren nur als Mitglieder der englischen Gesellschaft, in deren Generalrath sie durch Eugen Dupont vertreten sind. (Es existirt außerdem eine französische Gruppe zu London wie auch eine deutsche.) Die französischen Sectionen stehen nicht in Verbindung unter einander, obwohl sie in gegebenen Fällen gemeinsam handeln, sondern alle nur mit dem Generalrath zu London. Jede einzelne Gesellschaft bildet eine besondere Gruppe mit einem Executivcomité au der Spitze, welches mit dem Londoner Generalrath correspondirt. Die Stiftung der Gesellschaft in Frankreich ging von dem Pariser Verwaltungscomité der Pariser Gruppe aus. Letzteres zeigte schon im Jahr 1864 seine Gründung und Existenz dem Minister des Innern und dem Polizeipräfecten von Paris an. Und seit dieser Zeit hat sowohl das Pariser Comité, wie auch die Comité's in den übrigen Städten Frankreichs öffentlich functionirt, von Woche zu Woche öffentliche Versammlungen der Mitglieder der Association abgehalten, über welche in öffentlichen Blättern referirt worden ist, wie überhaupt diese Gesellschaft in schroffem Gegensatz zu den Verschwörungsgesellschaften vergangener Jahrzehnte ihrer Natur nach öffentlich ist und über die Sitzungen des

---

Theilnahme an dem Befreiungsversuch überführt würde, sich des Mordes schuldig gemacht habe. Daraufhin erfolgten 5 Verurtheilungen und 5 Todesurtheile des Herrn Blackburn. Von den Verurtheilten wurden 2 begnadigt, 3 gehängt. Derselbe Mr. Blackburn hatte am 2. Juni 1868 die Verhandlungen gegen den Ex-Gouverneur von Jamaika, Herrn Eyre zu leiten, präjudicirte unter Berufung auf eine angebliche Entscheidung des Lord-Oberrichters Sir A. Cockburn die große Jury dahin, daß Herr Eyre die Grenzen der ihm anvertrauten Regierungsgewalt nicht überschritten habe, rettete hierdurch Herrn Eyre von der Anklage, wurde am 3. Juni in öffentlicher Sitzung des Gerichtshofes der Queens Bench vom Lord-Oberrichter Sir A. Cockburn der Fälschung von Thatsachen bezüchtigt und entschuldigte sich mit einem Rechtsirrthum.

Generalraths in London wöchentlich in den Londoner Zeitungen berichtet wird.

Der erste Conflict zwischen der internationalen Arbeiterassociation und der französischen Regierung trat im September 1867 ein, nach dem Congreß von Lausanne. Ein Theil der Documente des Congresses war Jules Gotteaux, einem der französischen Delegirten, anvertraut, um sie von Frankreich nach England zu schicken. Sobald er die französische Grenze überschritt, wurden die Papiere confiscirt. Der Generalsekretär des Londoner Generalraths wandte sich in Folge dessen brieflich an den französischen Minister des Innern und forderte Herausgabe der confiscirten Papiere, da dieselben britisches Eigenthum seien. Er erhielt keine Antwort. Darauf wandte sich der Generalrath der Association an Lord Stanley, den englischen Minister des Auswärtigen. Dieser ertheilte dem britischen Botschafter zu Paris, Lord Cowley, Befehl, die Herausgabe der Papiere zu verlangen, und die französische Regierung gab nach.

Der zweite Conflict spielte sich zu ungefähr derselben Zeit ab. Eine Denkschrift, welche die Pariser Delegirten auf dem Genfer Congreß vorgelesen und worin sie ihren — beiläufig einseitig proudhonistischen, specifisch französischen und keineswegs von der Association als solcher adoptirten — Standpunkt entwickelt, ihre Grundsätze vertheidigt hatten, hatte zu Paris kein Drucker zu drucken gewagt. Das Pariser Comité ließ in Folge dessen die Denkschrift zu Brüssel drucken und als sie von dort nach Frankreich verschickt worden war, wurde sie hier auf der Grenze confiscirt. Darauf schrieb am 3. März 1867 das Pariser Centralcomité der Association an den Staatsminister Rouher, den alter ego des Kaisers, und verlangte die Gründe der Confiscation zu wissen. Rouher lud in seinem Antwortschreiben, welches nach dem officiellen Lokal des Pariser Büreau der Association, Rue de Gravilliers 44, gerichtet war, ein Mitglied des Comités ein, bei ihm zu erscheinen. Das Comité ernannte einen Deputirten, welcher sich zum Minister begab. Rouher verlangte Aenderung und Milderung einiger anstößiger Stellen. Der Deputirte verweigerte dieß, da jede Abschwächung dem Schriftstück seine Bedeutung nehmen würde. Darauf that Rouher folgende charakteristische Aeußerung: „Gleichwohl, wenn Sie einige verbindliche Aeußerungen in Bezug auf den Kaiser, der soviel für die arbeitenden Klassen gethan hat, einfließen ließen, könnte man zusehen." (Pourtant, si vous faisiez entrer quelques remerciments à l'adresse de l'empereur qui a tant fait pour les classes ouvrières, l'on pourrait voir.) Der Deputirte antwortete, daß die Association nicht in Politik mache, und daß weder Schmeichelei noch Verleumdung, sei es einer einzelnen Persönlichkeit oder einer politischen Partei zu ihren Befugnissen gehöre. Darauf brach Rouher die Unterhandlung ab und hielt die Beschlagnahme der Denkschrift aufrecht.

Die französische Regierung hatte gewähnt, sie könne die internationale Arbeiterassociation als Werkzeug benutzen. Sie sah sich getäuscht. Sie sah andererseits die wachsende Macht und den steigenden Einfluß der Gesellschaft bei Gelegenheit der Arbeitseinstellungen von Amiens, Roubaix und Paris. Sie sah endlich mit dem größten Mißvergnügen wenige Wochen nach der oben geschilderten Unterredung die Agitation der Gesellschaft gegen den imperialistischen Chauvinismus. Sie beschloß einzugreifen. Daraus entstand

Der dritte Conflict. Anfangs 1868 überfiel die Pariser Polizei während der Nacht die Wohnungen der Mitglieder des Pariser Centralcomité's. Alle Briefe und Papiere, die sich vorfanden, wurden confiscirt. Sie ersah daraus, daß die Zahl der eingeschriebenen Mitglieder der Pariser Gruppe ungefähr 2000 betrug. (Diese Zahl ist seitdem bedeutend gestiegen.) Die Anklage lautete auf Theilnahme an einer geheimen Gesellschaft, wurde aber nach zweimonatlicher Untersuchung von Gerichtswegen unterdrückt. An ihre Stelle trat eine Anklage wegen Polizeivergehens, nämlich wegen Bildung einer Gesellschaft von mehr als 20 Personen ohne Autorisation der Regierung.

Am 20. März 1868 fand die Verhandlung vor dem Zuchtpolizeigericht der Seine statt. Das Wort für die 15 Angeklagten führte der Mitangeklagte Ciseleur Tolain. Die Vernehmung ergab folgenden Thatbestand:

Präsident. Erkennen Sie an, daß die internationale Arbeiterassociation, deren Mitglied Sie und Ihre Mitangeklagten geworden sind, niemals autorisirt worden ist?

Tolain. Ich glaube nicht, daß dies der passende Augenblick für die Beantwortung dieser Frage ist. In unserer allgemeinen Vertheidigung werden wir plaidiren, daß die öffentlichen Handlungen unserer Gesellschaft eine stillschweigende Anerkenntniß ihrer Existenz voraussetzen.

Präsident. Aber Sie erkennen an, daß die Autorisation nie erlangt worden ist?

Tolain. Sie ist selbst niemals verlangt worden. An welche Regierung sollte wohl eine internationale Association sich wenden, um autorisirt zu werden? An die französische, belgische, englische oder die deutschen Regierungen? Sie könnte es nicht wissen, und Niemand würde es ihr sagen können. Was würde z. B. in England eine französische Autorisation gelten, und umgekehrt.

Präsident. Sind in Ihren Versammlungen politische Fragen discutirt worden?

Tolain. Niemals und nirgends.

Präsident. Man hat bei Ihnen ein zu Brüssel gedrucktes Manifest vom Jahr 1866 confiscirt, dessen Inhalt aus Politik, und sogar aus überschwänglicher Politik (politique transcendentale) besteht.

Tolain. Dies Manifest ist mein Privateigenthum und ich glaube, ich allein in Frankreich besitze es. Es ist von englischen Arbeitern verfaßt und veröffentlicht, denn der Gerichtshof möge wissen, daß jede Gruppe eines jeden Landes das Recht hat, diese oder jene Meinung kundzugeben, ohne dadurch die Gruppen der andern Nationen solidarisch zu verpflichten. Es ist daher nichts Außergewöhnliches, wenn eine englische oder deutsche Zweiggesellschaft Gegenstände der Politik abhandelt, an die wir uns nicht herantwagen dürfen. Ich erkläre, daß wir in unseren Sitzungen uns stets der Politik ferngehalten haben.

Präsident. Welcher Art ist die Organisation Ihrer Association, wo ist ihr Sitz, was sind ihre Zwecke, was die Functionen des Generalraths und des Pariser Büreau?

Tolain. Der Generalrath hat sich im Jahr 1864 zu London constituirt. Sein Sitz ist niemals dauernd festgesetzt worden. Wenn er dennoch seit 3 Jahren seinen Sitz zu London beibehalten hat, so ist dies wegen Schwierigkeiten geschehen, die wir nicht haben überwinden können. Die Zwecke der Gesellschaft aber kann ich Ihnen gar nicht besser auseinandersetzen, als indem ich Ihnen ihre Statuten zur Einsicht vorlege. (Er liest diese vor.)

Präsident. Erzählen Sie mir etwas von der Organisation des Pariser Bureau.

Tolain. Das Pariser Bureau ist durch einen in den Zeitungen veröffentlichten Aufruf an alle Arbeiter zu Stande gekommen. Zweck der Einrichtung dieses Bureau's war, einen Mittelpunkt für die Thätigkeit der Pariser Gruppe zu schaffen, sowohl um Delegirte nach den internationalen Congressen zu schicken, als auch andere der Gesellschaft Nutzen bringende Handlungen vorzunehmen. Alles dies ist am hellen, lichten Tage und ganz öffentlich geschehen. In einem kleinen gedruckten Buch wurde die Geschäftsordnung des Pariser Bureau angezeigt und der wöchentliche Beitrag jeden Mitgliedes auf 10 Pfennige festgesetzt.

Präsident. Hat sich dies Bureau direct mit der Propaganda für die Ausbreitung der Gesellschaft befaßt?

Tolain. Mitunter hat man uns um Rath gefragt, wie ein Bureau zu constituiren sei. Meistens haben wir auf den Londoner Generalrath verwiesen.

Präsident. Hat sich das Pariser Bureau in die Arbeitseinstellungen, z. B. der Broncearbeiter zu Paris, oder zu Roubaix, Amiens ꝛc. eingemischt?

Tolain. Die Association hat in der That bei den angeführten Ereignissen einen möglichst thätigen Antheil genommen und hat geglaubt dadurch, daß sie die Ursachen dieser Arbeitseinstellungen erforschte, ebensowohl den Patronen als auch den Arbeitern einen Dienst zu leisten.

Das Plaidoyer des öffentlichen Anklägers Lepelletier begann folgendermaßen:

„Meine Herren, die Angeklagten, die vor Ihnen erscheinen, sind arbeitsame, intelligente, rechtschaffene Arbeiter. Keine Verurtheilung hat sie getroffen, kein Makel haftet auf ihrer Moralität, und ich, meine Herren, habe, um die gegen sie erhobene Anklage zu rechtfertigen, kein Wort zu sagen, welches ihre Ehre angreifen könnte."

Darauf suchte der öffentliche Ankläger nachzuweisen, daß das Gesetz verletzt sei und Verurtheilungsgründe vorlägen. In Bezug auf die zur Entkräftung der Anklage vorgebrachten Vertheidigungsgründe bemerkte er:

„Was also wirft man der Anklage vor? Meine Herren, wenn Sie seit einigen Tagen den „Siècle," die „Opinion nationale," den

„Courrier français" gelesen haben, so werden Sie darin Ausdrücke des Bedauerns gefunden haben seitens derjenigen Partei der Presse, die mit ihren Sympathieen die internationale Association protegirt. Ihr Raisonnement ist folgendes. Seit drei Jahren existire die Association am hellen, lichten Tage, von den Verwaltungsbehörden zwar nicht erlaubt, aber geduldet, ihr Ziel sei die materielle und moralische Emancipation der Arbeiter, ihre Mittel zum Zweck das Studium der ökonomischen Fragen und deren Lösung durch die Principien der Wahrheit, Sittlichkeit und Gerechtigkeit ... Und auf eine so lange Duldung folge plötzlich ohne andere Beweggründe als bloße Willkür der Macht und Laune der Gewalt die Härte einer strafrechtlichen Verfolgung! Wenn noch wenigstens die Mitglieder der Association ihr Programm vergessen, sich mit staatsgefährlichen Problemen beschäftigt, mit Politik befaßt hätten, aber im Gegentheil, sie hätten diese ihren Berathungen fern gehalten, von ihren Congressen ausgeschlossen, sie hätten sich auf den engen Kreis ihrer der Verwaltung wohlbekannten, von dieser wenigstens mittelbar durch ihr Stillschweigen gebilligten Statuten beschränkt.

„Dies, meine Herren, ist der Vorwurf. Ich schwäche ihn nicht ab, und ebenso wenig übertreibe ich ihn Ist er begründet? Ist es wahr, daß die Association sich nicht mit Politik befaßt hat? Ist es wahr, daß sie sich auf das Studium der ökonomischen Fragen beschränkt hat, welches ihr Programm aufwies?"

Demnächst suchte der öffentliche Ankläger die Theilnahme des Pariser Büreau an Fragen der Politik nachzuweisen, was ihm mit Rücksicht auf die allgemeine Haltung der Association in der Luxemburg Affaire nicht schwer fiel und forderte im Interesse des Gesetzes eine Verurtheilung.

Darauf erhob sich der Angeklagte Tolain und überreichte dem Gerichtshof folgendes Petitum:

„In Erwägung, daß die Ungesetzlichkeit einer Gesellschaft aus dem Mangel einer Autorisation der Verwaltung herrührt; daß für diese Autorisation kein formelles Verfahren festgestellt ist; daß diese Autorisation selbst stillschweigend ertheilt werden kann; daß das Verlangen nach einer besonderen Form der Autorisation ein Gesetz verschärfen heißt, welches schon durch den Gesetzgeber selbst als Ausnahmegesetz anerkannt ist; daß hierdurch das öffentliche Vertrauen getäuscht wird; ja noch mehr, da aus den Erörterungen selbst, deren Gegenstand das Gesetz von 1834 gewesen ist, und aus den Aeußerungen der Vertreter der Regierung hervorgeht, daß die Autorisation stillschweigend ertheilt werden kann; da diese stillschweigende Erlaubniß oder Duldung die Form ist, unter welcher alle Industrie- und Handelsgesellschaften von mehr als 20 Mitgliedern existiren; da die Einräumung der Befugniß, solche Gesellschaften ohne vorherigen Widerruf zu verfolgen, ein Verstoß gegen das öffentliche Bewußtsein ist, indem es auf der Hand liegt, daß die Staats-Verwaltung sie in Folge ihres notorischen Vorhandenseins als rechtsgültig autorisirt betrachtet; in Erwägung, daß die der Association ertheilte stillschweigende Autorisation sich ergiebt: 1, aus der fortwährenden Oeffentlichkeit ihrer Existenz und ihrer Thaten, die thatsächlich weit größer ist, als bei Handelsgesellschaften; 2, aus zwei Briefen der internationalen Association an den Minister des Innern und den Polizeipräfekten, worin die Bildung und Existenz der Association schon im Jahr 1864 constatirt worden ist; in Erwägung, daß die ausdrückliche und formelle Autorisation der Verwaltungsbehörden aus einem an den Secretär der Gesellschaft gerichteten, aus dem Kabinet des Ministers des Innern, resp. seines interimistischen Stellvertreters, des Herrn Staatsministers herrührenden Brief hervorgeht; daß bei einer Zusammenkunft mit dem Herrn Minister keinerlei Einwand gegen die Gesetzmäßigkeit der Association gemacht worden ist; daß die Staatsanwaltschaft nicht behaupten kann, daß inzwischen die Association ihre Lehren und ihr Ziel verändert habe; in Erwägung, daß thatsächlich der Secretär der Association, vorgeladen, um sich über die Denkschrift der französischen Delegirten zum Congreß von 1866 zu erklären, dieselben Lehren und Zwecke der Gesellschaft vorgetragen hat, welche jetzt gerügt und angeklagt werden; daß damals die Staatsanwaltschaft selbst die Gesellschaft für hinreichend legalisirt gehalten hat, weil sie ihre Existenz gekannt und dennoch in der öffentlichen Verhandlung vom 4. Januar 1867 erklärt hat, daß keinerlei Verfolgung beabsichtigt werde; aus diesen Gründen ersuchen wir den Gerichtshof, die Anklage der Staatsanwaltschaft zurückzuweisen."

Nach Ueberreichung dieses Schriftstücks nahm Tolain im Namen der übrigen Angeklagten das Wort. Seine Rede war ein feuriger Protest gegen die Rechtlosigkeit der arbeitenden Klassen. Er schilderte die Gefahren, welche der Arbeiter laufe, wenn er seine sociale Lage durch gegenseitige Belehrung, durch Studium der Verhältnisse, die seine theuersten Interessen berühren, klar zu legen und eine Verbesserung anzubahnen suche. Was er auch thun, welche Vorsichtsmaßregeln auch immer er gebrauchen, wie rein und harmlos seine Absicht auch immer sein möge, stets werde er bedroht, verfolgt und verfalle dem Strafgesetz. Seit 20 Jahren hätten zahllose industrielle Schöpfungen neue Bedürfnisse geschaffen und die Socialökonomie völlig umgestaltet, die Regierung selbst sei absichtlich oder unabsichtlich der Bewegung gefolgt und habe an dieser Umgestaltung thätig mitgeholfen.

„Wir Arbeiter," fuhr Tolain fort, „wir hatten ein großes Interesse zu wissen, was aus uns werden würde, und dies war die Ursache unserer Vereinigung zur internationalen Association. Die Arbeiter wollten selbst sehen, aber nicht durch die Brille der officiellen Bourgeoisökonomie. Die englischen Arbeiter traten zusammen um die französischen zu empfangen, sie und wir waren alle von demselben Gedanken geleitet, er galt der socialen Frage. Die Vervollkommnung der Maschinen, sagten die englischen Arbeiter, ändert jeden Tag die sociale Lage des Arbeiters, laßt uns gegenseitig uns belehren, laßt uns das Mittel finden, uns unsere Existenzmittel zu sichern. Und wir hatten dieselben Interessen zu vertreten, auch wir waren von denselben Eingebungen beseelt. Seitdem lautet die gemeinsame Parole, daß der Arbeiter die Verbesserung seiner socialen Lage nur durch eigene Kraft zu erwarten habe, eine Parole, die im Jahr 1864 in einem öffentlichen Meeting zu London ausgesprochen wurde."

Nachdem Tolain hierauf die Entstehung, Organisation und Thätigkeit des Londoner Generalraths und des Pariser Büreau geschildert und nochmals behauptet hatte, die Regierung habe ihre Autorisation stillschweigend gegeben, sie dagegen hätten aus Princip keine officielle Autorisation verlangt, weil sie der Regierung nicht das Recht zugestehen könnten, Rechte, die den Arbeitern und allen Staatsbürgern von selbst zukämen, zu erlauben oder zu versagen, schloß er mit folgender bedeutsamen Erklärung:

„Ich habe hinzuzufügen, daß die Lage, in die man uns versetzt hat, wohl erwogen werden muß. Wie Ihr Urtheil auch immer ausfallen möge, morgen werden wir dasselbe thun, was wir gestern gethan haben; dies ist bei uns weder Haß, noch Geist der Widersetzlichkeit, es ist das Bewußtsein unseres Rechts. Wir erheben von jetzt an den Anspruch, alle uns betreffenden Angelegenheiten selbst in die Hand zu nehmen; wir haben nur ein Mittel um aus unserer gegenwärtigen Lage herauszukommen, und dies Mittel ist, das Gesetz zu übertreten, um zu zeigen, daß es schlecht ist. Aber bis jetzt haben wir es nicht übertreten wollen, denn, ich wiederhole es, die Polizei, die Regierung, die städtische Behörde, das Publikum hat alles gewußt, alles gesehen, alles geduldet."

Das Urtheil des Gerichtshofes lautete:

„In Erwägung, daß aus der Untersuchung und Verhandlung hervorgeht, daß die Angeklagten seit 3 Jahren Pariser Mitglieder der Gesellschaft, die den Namen internationale Arbeiterassociation führt, gewesen sind, daß diese Gesellschaft aus mehr als 20 Personen bestand und nicht autorisirt war;

„in Erwägung, daß die associirten Arbeiter unter sich durch die Zwecke der Association verbunden, zur Erreichung dieser Zwecke mitgewirkt haben, daß der Zweck die Verbesserung der Lage der Arbeiter durch Cooperation, Production und Credit ist, und daß sie sich zu bestimmten Zeiten versammelt und sich zu einer permanenten Körperschaft constituirt haben;

„in Erwägung, daß die Artikel 291 und 292 das Code pénal und das Gesetz vom 10. April 1834 Polizei- und allgemeine Sicherheitsgesetze sind, anwendbar gegen Jedermann, der sie auf französischem Territorium verletzt, daß es nicht darauf ankommt zu wissen, daß London Sitz der Gesellschaft ist, daß es vollkommen genügend ist zu constatiren, daß das Pariser Büreau eine Uebertretung dieser Gesetze begangen hat;

„in Erwägung, daß die Bekanntmachung der Existenz der besagten Gesellschaft durch die Zeitungen, oder ihre Duldung von Seiten der Staatsverwaltung, sie nicht von der ausdrücklichen Autorisation der Regierung entbindet;

„in Erwägung, daß die Angeklagten daher durch ihre Handlungsweise sich des in den Artikeln 291 und 292 des Code pénal und § 2 des Gesetzes vom 10. April 1834 vorgesehenen und bestraften Vergehens schuldig gemacht haben;

„erklärt der Gerichtshof die unter dem Namen Pariser Büreau zu Paris etablirte internationale Arbeiterassociation für aufgelöst, und verurtheilt jeden der Angeklagten zu 100 Franken Geldbuße, welchen im Unvermögensfall 30 Tage Gefängniß zu substituiren sind."

Gegen dies Urtheil legten die Verurtheilten Berufung ein. Unterdeß handelte die Pariser Gruppe ganz, wie Tolain dem Gericht erklärt hatte. Statt der 15 gerichtlich Verfolgten wurde ein neues Büreau von 9 Mitgliedern der Association erwählt. Ihre Wahl wurde in den Zeitungen angezeigt. Sie forderten mit ihrer Unterschrift die Pariser Arbeiter öffentlich zu Beiträgen für die Genfer Arbeitseinstellung auf.

Der Proceß der 15 kam in zweiter Instanz am 22. April 1868 zur Verhandlung.

Die Hauptpunkte der öffentlichen Anklage bestanden in der **erklärten Widersetzlichkeit** des Bureau gegen das imperialistische, gegen Gesellschaften von mehr als 20 Personen gerichtete Strafgesetz; in dem **politischen** Charakter der Gesellschaft, welche alle Grundlagen des Bestehenden ihrer Kritik unterwerfe; in der **Macht** der Gesellschaft, der keine Regierung widerstehen könne, wenn man ihr erlaube, in der bisherigen Weise alle Länder zu umfassen, schon sei sie eine Art universeller Vermittlung von Arbeitseinstellungen.

Die Angeklagten vertheidigten sich auch hier, wie in allen anderen Fällen, selbst, ohne Advokaten. Mit Bezug darauf, daß sie keine officielle Autorisation hätten, erklärten sie:

Wenn wir, die Pariser Correspondenten des Londoner Generalraths, nachdem wir der Polizei und der Verwaltungsbehörde Anzeige von der Constitution unseres Bureau gemacht hatten, benachrichtigt worden wären, daß eine ausdrückliche Autorisation erforderlich sei, so würden wir auf eine andere Organisation bedacht gewesen sein, denn wir sprechen es geradezu aus, **niemals hätte es uns in den Sinn kommen können, uns der Demüthigung einer Autorisation zu unterwerfen.** Schon der erste Erwägungsgrund unserer Statuten würde uns dies nicht erlaubt haben. Denn dort heißt es, daß die Emancipation der Arbeiter das Werk der Arbeiter selbst sein müsse. Wer aber die Autorisation gelten läßt, läßt auch Unterthänigkeit, Unterordnung, Patronatrecht, mit einem Wort die Knechtschaft gelten, und gerade aus dieser in allen ihren Formen den Arbeiter zu befreien ist das Bestreben der internationalen Association."

Der Appelhof bestätigte das Urtheil des Zuchtpolizeigerichts und verurtheilte außerdem die Appellanten zu den Kosten. Die Gründe stimmten im Wesentlichen mit denen des Urtheils erster Instanz überein, neu war blos folgende Phrase:

„Daß die Gefahr noch vergrößert werde durch die gewaltige Macht der Organisation und durch die weite Ausdehnung ihrer Thätigkeit."

Inzwischen waren auch die 9 Mitglieder des im März erwählten neuen Büreau's unter Anklage gestellt und erschienen am 22. Mai 1868 vor dem Zuchtpolizeigericht.

Der Gang der Verhandlungen war derselbe wie bei der Verhandlung vom 20. März.

Die Vertheidigung führte der Mitangeklagte, Buchbinder Varlin. Nachdem auch dieser Arbeiter die juristischen Ausführungen der Anklage mit einer Logik und Schärfe widerlegt hatte, die jedem Juristen Ehre gemacht hätte, ging er zur Beleuchtung der moralisch-politischen und socialökonomischen Seite der Frage über, und hier erhob sich der Redner zu einer Würde des Ausdrucks, zu einer Höhe der Anschauung, wie sie nur Bewußtsein der guten Sache und des tiefen sittlichen Rechts verleihen kann. Er sagte:

„Die Arbeitseinstellung ist in unsern Augen nur ein rohes Mittel, um den Arbeitslohn zu bestimmen; wir wenden es nur wider Willen an, denn es setzt den Arbeiter und seine Familie Wochen, Monate lang den empfindlichsten Entbehrungen aus, ohne ihm die Sicherheit zu bieten, endlich einen gerechten Lohn zu erhalten. Die internationale Association stellte es sich zur Aufgabe, durch das Studium der ökonomischen Verhältnisse eine gütliche Regulirung der Arbeitsfrage zu erzielen; aber da man unsern Studien Hindernisse in den Weg legt und dadurch die Lösung der socialen Frage verzögert, so werden wir noch oft, um unser Brod zu schützen, zur Arbeitseinstellung greifen müssen.

„Ich muß aber noch einen andern Punkt berühren.

„Vor dem Gesetze sind Sie Richter und wir Angeklagte; aber

vor den Principien sind wir zwei Parteien, Sie die Partei der Ordnung um jeden Preis, des Stillstandes, wir die Partei der Reform, des Socialismus. Untersuchen wir denn einmal ehrlich: welches ist dieser gesellschaftliche Zustand, an dessen Vollkommenheit gezweifelt zu haben unser Verbrechen ist? Von der Ungleichheit bis auf's Mark zerfressen, von der Selbstsucht am Leben bedroht, verröchelt er unter den eisernen Krallen der antisocialen Vorurtheile. Trotz der Erklärung der Menschenrechte, trotz kurzer Siege des Volkswillens, hängt es doch nur von wenigen Machthabern ab, im brudermörderischen Kampfe von Nation gegen Nation stromweise das Blut des Volkes zu vergießen, des Volkes, das, unter gleichem Drucke seufzend, nach gleicher Befreiung sich sehnt.

„Genüsse giebt es nur für eine kleine Minderheit, die sich deren denn auch im vollsten Maße und in raffinirtester Weise erfreut; die große Masse verkümmert in Elend und Unwissenheit, hier unter unerbittlichem Drucke stöhnend, dort vom Hunger hingerafft, überall aber in der Nacht der Vorurtheile und des Aberglaubens tappend, daß ihrer Sklaverei kein Ende werde.

„Wollen Sie Einzelnes, nun, so sehen Sie, wie die Operationen an der Börse Verwirrung und Unheil erzeugen, wie Ueberfluß oder Hungersnoth in den Händen der Finanz-Pascha's liegen, neben deren Goldhaufen Lüge, Ruin und der scheußliche Bankerott lagern. Im Gewerbsstande eine maßlose Konkurrenz, die den Arbeiter erdrückt und jedes vernünftige Verhältniß zwischen Production und Verbrauch aufgehoben hat. Für das Nothdürftige fehlt es an Armen, aber das Unnöthige ist im Ueberfluß da; während Millionen armer Kinder nackt gehen, glänzen auf den Weltausstellungen Shawls zu fabelhaften Preisen, die über zehntausend Arbeitstage gekostet haben. Der Arbeiter erschwingt nicht das Nöthigste, aber von reichlich gefütterten Nichtsthuern wimmelt es.

„Das Alterthum mußte untergehen, weil ihm der Pfahl der Sklaverei im Fleische stak; wenn die Neuzeit sich eben so wenig um die Leiden der Massen kümmert, wenn sie die Gesammtheit zwingen will, fortwährend zu arbeiten, zu leiden, zu entbehren, nur damit Einzelne in Herrlichkeit und in Freuden leben können, wenn sie nicht einsehen will, daß ein solcher gesellschaftlicher Zustand geradezu empörend ist, dann wird auch ihr Ende nicht mehr ferne sein.

„Dr. W. Palley, von der Oxforder Universität, sagt im Blatte „La Coopération„ vom Mai d. J.:

„„Denkt euch einen Flug Tauben auf einem Kornfelde. 99 Tauben, statt frisch loszupicken, nehmen für sich nur das Stroh und den Abfall, die Körner aber sammeln sie zu einem großen Haufen, allein bestimmt für eine einzige Taube, oft die schwächste und erbärmlichste von allen; diese stolziert glucksend, fressend, zertretend und verderbend einher, während die fleißigen Tauben gutmüthig zusehend im Kreise sitzen; da wagt es auf einmal eine andere Taube, vielleicht muthiger, vielleicht hungeriger als ihre Mitschwestern, ein Körnchen wegzuschnappen; nun stürzen aus blindem Gehorsam alle übrigen auf die Missethäterin los, um sie zu zerzausen, ihr den Raub abzujagen und sie aus der Gesellschaft auszuschließen."„

„Betrachten Sie dieses Bild, so finden Sie freilich, daß es in der Natur nicht vorkommen kann, dafür aber tagtäglich sich hundertfach wiederholt bei den mit Vernunft begabten Menschen. Die Folgerung aber ist zweifach; Sie folgern daraus: dafür stehe der Mensch durch Vernunft über dem Thiere. Ich aber sage Ihnen, der Mensch kann trotz seiner Vernunft noch bei dem Thiere in die Schule gehen!

„Und gehört es vielleicht nicht zu den 99, jenes Wesen, das im Elende geboren seine Mutter kaum sieht, weil die zur Arbeit gehen muß, das Hunger und Kälte erduldet, jedem Unfall ausgesetzt im Schmutze groß wird und schon in der Kindheit den Keim zu einer Krankheit legt, die ihm bis zum Grabe folgen wird? Kaum ist es acht Jahre alt, kaum ist nur die geringste Kraft da, so heißt es: arbeiten! Arbeiten in dünner, ungesunder Luft, mißhandelt, zur Unwissenheit verdammt, und durch die bösen Beispiele jeder Verführung Preis gegeben. So geht das fort bis in's Jünglingsalter. Nun, mit 20 Jahren, muß der Bursche die Eltern, die seiner bedürfen, verlassen, um in irgend einer Kaserne entmenscht oder auf irgend einem Schlachtfelde todtgeschossen zu werden. Kommt er mit dem Leben davon, so kann er heirathen (falls es anders der englische Philantrop Malthus und der französische Minister Duchâtel erlauben, die übrigens meinen, der Arbeiter brauche weder Frau noch Familie, und kein Mensch zwinge ihn, am Leben zu bleiben, sobald er nichts mehr habe, sein Leben zu fristen). Also er heirathet, und bald halten Armuth, Theuerung, Arbeitslosigkeit, Krankheiten und Kinder ihren Einzug in sein Haus. Wenn er nun im Hinblick auf die Noth der Seinen, einen gerechteren Lohn für seine Arbeit verlangt, dann fesselt man ihn durch den Hunger wie in Preston, man schießt ihn nieder wie zu Charleroi, man kerkert ihn ein wie zu Bologna, man überliefert ihn dem Belagerungszustand wie in Catalonien, man schleppt ihn vor's Gericht wie in Paris....

„So geht dieser Unglückliche weiter auf der Bahn der Leiden und der Kränkungen; im reifen Mannesalter, ohne eine versöhnende Rückerinnerung an seine Jugendzeit, sieht er mit Schrecken das Alter herannahen; hat er keine, oder nur eine arme Familie, so stirbt er endlich, wie ein Uebelthäter, in einer Anstalt für Bettler.

„Und doch hat dieser Mann viermal mehr producirt als verzehrt. Was hat denn die Gesellschaft mit dem Ueberfluß gemacht? Fragt die hundertste Taube, ... die nichts hervorbringt, sondern von der Arbeit der 99 andern lebt.

„Die Geschichte zeigt uns, daß jedes Volk oder Gesellschaftswesen, das, vom Wege der strengen Gerechtigkeit abweichend, sich auf's Unrecht stützte, der Zersetzung und Auflösung verfiel; und gerade das ist unser Trost in dieser Zeit des Luxus und des Elendes, der Gewalt und der Sklaverei, der Unwissenheit und Verdummung, der Entsittlichung und Fäulniß, daß wir mit Sicherheit aus den Lehren der Vergangenheit den Schluß ziehen können: so lange noch ein Mensch an der Schwelle eines von allen Schätzen strotzenden Palastes verhungern kann, so lange haben die staatlichen Einrichtungen keinen Bestand.

„Fühlt unserer Zeit den Puls, und ihr werdet einen dumpfen Groll entdecken zwischen der Klasse, die Alles behalten und der, die die Frucht ihres Fleißes wieder gewinnen will. Der krasse Aberglaube, den unserer Meinung nach das 18. Jahrhundert vernichtet hatte, wird wieder hervorgeholt; überall zügellose Selbstsucht und Sittenlosigkeit: das sind die Zeichen des Verfalls; der Boden wankt und entschlüpft unter euren Füßen: seid auf der Hut!

„Eine Klasse, die bisher auf der Weltbühne nur hin und wieder erschien, um einen großen Act der Gerechtigkeit auszuüben, die zu allen Zeiten und unter allen Regierungen unterdrückt war, die Klasse der Arbeit, sie bietet euch jetzt ein Mittel zur Wiedergeburt; es wäre weise, ihre vernünftige Berechtigung anzuerkennen, ihr gemeinnütziges

Werk nicht zu stören. Ein Hauch absoluter Freiheit kann allein diese Luft reinigen, die Unwetter verscheuchen, die uns drohen....

„Wenn eine Klasse das moralische Uebergewicht, das ihr zur Herrschaft verholfen, verloren hat, so muß sie vom Schauplatz verschwinden, wenn sie nicht zu Grausamkeiten, dem letzten Mittel aller untergehenden Gewalten, greifen will. Möchte die Bourgeoisie begreifen, daß ihr Streben nicht groß genug ist, um alle Bedürfnisse der Zeit zu umfassen, und daß ihr deshalb nichts anderes mehr übrig bleibt, als in der jungen Klasse aufzugehen, die ihr eine mächtige politische Wiedergeburt, die Gleichheit und die Solidarität durch die Freiheit entgegenbringt!"

Das Urtheil des Gerichtshofs lautete für jeden der 9 Angeklagten auf 3 Monat Gefängniß und 100 Franken Geldstrafe, wogegen die Verurtheilten Berufung eingelegt haben, die schließlich verworfen worden ist.

Diese Verfolgung der internationalen Arbeiterassociation durch die französische Regierung hat neben ihrer socialen Bedeutung auch eine politische. Zum ersten Mal seit dem Staatsstreich von 1852 hat eine in Frankreich bestehende Gesellschaft es gewagt, der strafrechtlichen Verfolgung civilrechtlichen Widerstand entgegenzusetzen und bürgerliche Rechte für sich zu beanspruchen, welche der Erwählte des allgemeinen Stimmrechts durch seine Organe nicht gut verweigern konnte, ohne dadurch seinem jahrelangen Kokettiren mit der Arbeiterklasse ein Ende mit Schrecken zu machen. Es läßt sich mit ziemlicher Gewißheit annehmen, daß die Verfolgung vom Staatsminister Rouher ausgeht. So groß aber ist die Verlegenheit, in welche die vermeinte Nothwendigkeit des Vorgehens aus politischen Gründen diesen versetzt hat, daß er, während er das Pariser Büreau verfolgt, noch nicht gewagt hat, die Gruppen der Association zu Lyon, Rouen, Roubaix, Bordeaux, Marseille ꝛc. aufzulösen.

Das Pariser Journal „Le Reveil", Organ der Partei Ledru Rollin, spricht sich über die Haltung der Mitglieder des Pariser Comité's äußerst beifällig aus. Es stellt den politischen Scharfblick und die sittliche Ueberlegenheit der Arbeiterklasse den Kabalen und der Bornirtheit der herrschenden Klassen gegenüber. Es thut folgenden bemerkenswerthen Ausspruch:

„Die Uebereinstimmung der Ideen und der Gesinnung unter den Arbeitern der verschiedenen Länder Europa's ist es, auf welcher unsere Friedenshoffnungen basiren. In wenigen Wochen wird der Congreß der internationalen Association zusammentreten. Alle Länder Europa's werden dort vertreten sein, vielleicht mit alleiniger Ausnahme von Frankreich. Und dürfte es zu viel gesagt sein, daß diese Versammlung von Delegirten der Arbeit aus ganz Europa durch die Weisheit ihrer Beschlüsse ein amphitryonischer Senat von Europa zu werden verspricht? Ja, wenn dieser Congreß auf der Grundlage der ewig unvergänglichen Principien der französischen Revolution und der geheiligten Interessen der Arbeit, welche Ordnung, Sicherheit der Person und Freiheit verlangen, den Frieden decretirt, so wird ganz Europa dies Gebot mit Enthusiasmus aufnehmen."

2. Conflict mit der belgischen Regierung.

Aufgehetzt durch die Journale der belgischen Bourgeoisie, an ihrer Spitze die „Indépendance belge", suchte die belgische Regierung die internationale Arbeiterassociation als **Urheberin** der Vorfälle im Distrikt von Charleroi darzustellen. Die gerichtliche Untersuchung gegen die belgischen Märzgefangenen aber stellte sehr bald die völlige Grundlosigkeit dieser Behauptung heraus, die wohl von vornherein weiter nichts war als eine wohlüberlegte Tendenzlüge.

Nichts desto weniger ergriff im Mai 1868 der belgische Justiz- und Polizeiminister **Jules Bara** die Gelegenheit der Debatte über **die Erneuerung des Ausweisungsgesetzes gegen Fremde** in der belgischen Deputirtenkammer, um die internationale Arbeiterassociation heftig anzugreifen, ihre Existenz zum Hauptgrund der beantragten Erneuerung des Fremdengesetzes zu machen, und sogar zu erklären, **er werde die Zusammenkunft des nächsten allgemeinen Congresses der Association**, welche der Congreß zu Lausanne auf den 7. September 1868 nach Brüssel ausgeschrieben hatte, **nicht dulden**.

Darauf vereinigten sich die Verwaltungscomité's der Brüsseler und sämmtlicher übrigen Gruppen der internationalen Association in Belgien zu einem Schreiben an den Herrn Minister, welches vom 22. Mai batirt, gedruckt und der Oeffentlichkeit übergeben wurde. Darin wurde dem Minister gesagt, er habe in dieser Sache absolut nichts zu sagen, und der Congreß werde in Brüssel stattfinden. Im Eingange dieses unehrerbietigen Schreibens heißt es:

„Herr Minister! Die Unterzeichneten kommen, um sich bei Ihnen für den großen Dienst zu bedanken, welchen Sie ihrer Sache geleistet haben, indem Sie sich damit in der Kammersitzung befaßten und somit die parlamentarischen Annalen zur Verbreitung unserer Grundsätze dienen ließen.

„Sie verschmähen uns heute nicht mehr, wie es scheint. Lange haben Ihre Zeitungen die Fortschritte der Association im Lande mit Stillschweigen übergangen; dem Vogel Strauß ähnlich schlossen Sie die Augen zu, um der Gefahr zu entgehen. Heute halten Sie sich verpflichtet, uns als eine Macht zu betrachten, Sie geben uns eine officielle Weihe und erkennen in Ihrer Stellung an, daß wir Ihnen eine Macht entgegensetzen....

„Doch es fällt Ihnen schwer, einzugestehen, daß Sie und die Ihrigen in Belgien unpopulär sind, und wenn irgend ein Fremder kommt, unserer Association Beistand zu leisten, so beeilen Sie sich, ihm Alles, was da gemacht wird, in die Schuhe zu schieben."

Nachdem darauf die ministerielle Zumuthung, als wäre die Bewegung unter den belgischen Arbeitern von Außen her inspirirt und geleitet, mit Energie zurückgewiesen, heißt es weiter:

„Sie begreifen, Herr Minister, daß wir uns ebensowenig von einem Mann, als von einem Faß Wachholderschnaps bestimmen lassen. Wir wissen sehr gut, durch uns selbst zu handeln, und das Verlangen nach Gerechtigkeit, welches in jedem ehrenhaften Gewissen existirt, bestimmt unsere Handlungen allein. Kaum gestern geboren, zählt unser Bund schon Tausende von Theilnehmern in unserm Lande; und wir Alle haben die gleiche Meinung, und wir Alle sind fest entschlossen, dem gemeinsamen Ziel entgegen zu schreiten: der Emancipation der Arbeit.

„Diese Lehren scheinen Ihnen unglaublich, Herr Minister; vernehmen Sie noch andere."

Nun ward dem Herrn Minister Näheres über die Bestrebungen der internationalen Arbeiterassociation mitgetheilt und ihm gerathen, sich in den Akten der Congresse noch genauere Auskunft zu verschaffen. Dann wurden ihm die Regierungssünden vorgehalten und die Leichen der im Bassin von Charleroi ohne Noth gemordeten Arbeiter, denen man statt Brod den Tod gab, vor die Seele geführt. Auch wurden die Arbeitseinstellungen als ein unzulängliches Mittel, die Lage des Arbeiters zu bessern, anerkannt, aber erklärt, daß es ein legitimes und das einzige der Arbeit übrig gebliebene sei, um gegen die Ungebührlichkeit des Kapitals zu protestiren. Zum Schluß heißt es:

„Jawohl, Herr Minister der „Gerechtigkeit", wir wollen die Gerechtigkeit, welche Sie verleugnen, triumphiren machen, ja, wir thun dies ohne Sie, trotz Ihnen und gegen Sie.....

„Sie haben gesagt, Sie erlauben unsern Congreß nicht. Sie müssen wahrlich, Herr Minister, sehr erhitzt gewesen sein, als Sie solch' absurde Worte aussprachen.... Sie haben z. B. das „Recht der Versammlung" proklamirt, und wir sind begierig, zu sehen, zu welchem Mittel Sie greifen werden, um es ungestraft zu verletzen.... Trotz all' Ihrer Großsprecherei wird der Congreß im September in Brüssel stattfinden.... Ein letztes Wort: Sie sprechen von dem Blitzstrahl, den wir auf Belgien herableiten. Den Blitzstrahl aber haben Sie selbst durch Ihr unversöhnliches System der Autorität hervorgerufen. Der wahre Gewittersturm ist da, neben Ihnen, und Sie merken es nicht."

Der Generalrath der internationalen Association zu London bestätigte in seiner Sitzung vom 16. Juni 1868 den Beschluß der belgischen Comité's, den Congreß trotz des erklärten Widerstandes der Regierung zur festgesetzten Zeit in Brüssel abzuhalten.

Auch die Verwaltungscomité's in Frankreich erklärten durch Zustimmungsadressen ihren Entschluß, an dem Congreß in Brüssel Theil zu nehmen und den Folgen Trotz zu bieten.

Der Pariser „Courrier français" aber erklärte in Bezug auf die gleichzeitigen Angriffe auf die internationale Arbeiterassociation in der Schweiz, in Frankreich und Belgien:

„Diese Begebenheiten sind sehr interessant, denn die Association gewinnt in diesem Augenblick eine großartige Verbreitung auf dem ganzen europäischen Continent. Ueberall ist sie ein wenig Sündenbock der Reaction, und dies beweist, daß man sie überall als die Avantgarde der socialen Reformation betrachtet."

11. Ausbreitung der Association.

In **England** haben sich der internationalen Arbeiterassociation seit dem Beschluß des Congresses der Gewerbe-Vereine zu Sheffield im Jahr 1866 ungefähr 50 Gewerbe-Vereine mit ihren Zweiggesellschaften im Vereinigten Königreich angeschlossen. Darunter Arbeitergruppen, z. B. 30,000 Erdarbeiter an den Eisenbahnen, die bisher sich nie, weder an Gewerbe-Vereinen noch andern Bewegungen betheiligt hatten.

In **Irland** befindet sich eine Section zu Dublin.

In den **Vereinigten Staaten** von Nordamerika beschloß am 20. August 1866 der föderale Arbeitercongreß zu Chicago mit der internationalen Association sich zum gemeinsamen Wirken zu verbinden. Seitdem steht der Londoner Generalrath in Correspondenz mit der allgemeinen nationalen Arbeiterassociation in den Vereinigten Staaten. Sie wird auf dem diesjährigen Brüsseler Congreß durch einen besondern Deputirten vertreten sein.

In **Frankreich** sind die direct und ausschließlich mit London correspondirenden Gruppen sehr zahlreich. Es bestehen Sectionen zu Paris, Rouen, Lyon, Marseille, Bordeaux, Lille, Roubaix, Argentan (Orne), Caen, Digne (Basses-Alpes), Fleurieux (sur Saône), Fuveau (Bouches-du-Rhône), Flers (Orne), Granville (Manche), Harcourt, Thierry (Calvados), Hâvre, Lisieux, Neuville (sur Saône), Nantes, Neufchâteau (Vosges), Orléans, Crets (Bouches-du-Rhône), Villefranche (Rhône), Vienne (Isère) u. s. w. Bemerkenswerth ist, daß auch mehrere französische Landgemeinden der Association beigetreten sind. In den französischen Kolonieen existirt eine Gruppe in Algier und eine in Gouadeloupe.

In **Belgien** sind die Hauptsitze der Association zu Brüssel, Lüttich, Verviers und Louvain. Unter den Kohlen- und Eisenarbeitern hat in diesem Jahr ein Massenbeitritt stattgefunden.

In **Holland** existiren zwei Sectionen zu Rotterdam und Amsterdam.

In **Spanien** eine Section zu Barcelona.

In **Italien** steht die aus 600 Arbeitergesellschaften bestehende allgemeine Arbeiterassociation, mit dem Hauptsitz zu Neapel und

Mailand, zur internationalen Association in demselben Cartel, wie die Gewerbe-Vereine in England und die nationale Arbeiterassociation in den Vereinigten Staaten. Außerdem existiren besondere Gruppen der internationalen Association in Genua und Bologna.

In der Schweiz hat seit der Genfer Arbeitseinstellung ein Massenbeitritt von Arbeitern stattgefunden. Hauptgruppen finden sich in den Städten der Cantone Basel, Bern, wo auch Landgemeinden in den villages de la montagne des Bois beigetreten sind, Genf, hier allein zählt die Gesellschaft in der Stadt Genf über 6000 Mitglieder, Canton Neufchâtel, Canton de Vaux, Canton Zürich. Der Schweizer Grütliverein und verschiedene deutsche Arbeiterbildungsvereine der Schweiz sind der Association affiliirt.

In Deutschland existiren mehrere Gruppen. Doch erklären die meisten dieser Gesellschaften, trotz ihrer Sympathieen aus Mangel an gesetzlicher Autorisation officiell nicht beitreten zu können. Die Verbindung mit Deutschland ist daher noch mangelhaft. Das besondere Centralbüreau für Deutschland ist dasselbe wie das für die deutschredenden Schweizer, und steht unter der Leitung von Joh. Phil. Becker zu Genf, Pré-l'Evêque 33. Im Londoner Generalrath ist Deutschland vertreten durch Karl Marx, Secretär für Deutschland, wohnhaft 1. Modena Villas, Maitland Park, Haverstock Hill, London N. W., und durch George Eccarius, Generalsecretär der Association.

Die Journale der Association sind:

The Bee-Hive Newspaper zu London.

The Workmen's Advocate zu Chicago.

Le Courrier Français zu Paris. Auch le Siècle, la Liberté, l'Opinion Publique veröffentlichen die Beschlüsse 2c. der Association.

Die demokratischen Organe zu Lyon, Rouen, Bordeaux 2c.

La Voix de l'Avenir zu Lausanne.

Der Vorbote zu Genf.

Das Demokratische Wochenblatt zu Leipzig, welches, wenn auch nicht Organ der Association, so doch ihre Principien vertritt.

La Tribune du Peuple, la Liberté, l'Espiègle, le Devoir, le Mirabeau, la Cigale, l'Ingenu, le Peuple Belge, alle in Belgien (Brüssel, Verviers 2c.).

Endlich die Arbeiterblätter in Italien.

Schluß.

Noch eine angenehme Pflicht hat der Verfasser zu erfüllen, ehe er sich von den deutschen Arbeitern, denen diese Schrift gewidmet ist, verabschiedet.

Unter der Ueberschrift „Die Achtstunden-Bewegung" bringt die „Kölnische Zeitung" vom 19. Juli 1868 folgende erfreuliche Mittheilung:

„Eine Agitation, welche schon seit einigen Jahren in den Vereinigten Staaten im Schwange gewesen ist, sieht sich plötzlich, weniger durch das eigene innere Verdienst, als durch das Zusammentreffen äußerer Umstände, die auf die Gesetzgebung einwirkten, mit vollem Erfolge gekrönt. Schon einmal war die Arbeitszeit in den Werkstätten und Faktoreien der Regierung von zwölf auf zehn Stunden täglich herabgesetzt worden. Hiermit nicht zufrieden, verlangten die Arbeiter eine weitere Verkürzung auf acht Stunden, (wohl zu merken, ohne Verminderung der bisherigen Löhne, und daher der Name „the eight hours movement«). Mehrmals hatte der Congreß dieses Ersuchen abgewiesen, einem erneuerten Antrage aber das gleiche Schicksal widerfahren zu lassen, hat er nunmehr nicht gewagt. Denn beide Parteien bedürfen der Stimmen der Arbeiter bei der bevorstehenden Präsidentenwahl, und keine will sich durch Bethätigung des vielleicht von ihrer innern Ueberzeugung gebotenen Widerstandes gegen die erwähnte Bewegung in die Gefahr bringen, es mit jenen zahlreichen Stimmen zu verderben. Auch in England hat ein Theil der Arbeiter schon die nach einem Spiel mit Worten schmeckende Devise auf seine Fahne geschrieben: „Acht Stunden Arbeit, acht Stunden Erholung, acht Stunden Schlaf und acht Schilling Lohn." So lange sich eine solche Bewegung in den Schranken des Gesetzes hält, und so lange keine Einschüchterung, kein unerlaubter Zwang gegen solche Arbeiter ausgeübt wird, die für sich selbst denken und nach eigenem Ermessen über die Verwendung ihrer eigenen Arbeitskräfte bestimmen wollen, wird man der Agitation ihren natürlichen Lauf lassen müssen und wollen. Das allmächtige Gesetz, welches ungeschrieben die Nachfrage und das Angebot regelt, wird sich schließlich auch hier zur Geltung bringen."

Daß die „Kölnische Zeitung," das Organ des deutschen Bourgeois, von dem plötzlichen Erfolge der Achtstunden-Bewegung in Amerika nicht sonderlich erbaut ist, darf Niemand Wunder nehmen, der, wie sie, von der „Allmacht" des „ungeschriebenen" Gesetzes über Angebot und Nachfrage überzeugt ist.

„Vom „Angebot und Nachfrage" Standpunkt hat auch die „New-Yorker Handelszeitung" Recht, wenn sie unwirsch sich dahin äußert:

Einen Beschluß, welcher nach Demagogenthum riecht, müssen wir rügen. Beide Häuser des Congresses haben die Arbeitszeit in den Regierungs-Werkstätten auf acht Stunden festgesetzt, unter Fortbestand des bisherigen Lohnes, und der Präsident hat das Gesetz prompt unterzeichnet. Mit andern Worten: die Nationalbehörden haben das Achtstunden-System eingeführt. Dazu haben sie das Recht; ein Prinzipal kann die Arbeitszeit in seinen Etablissements bestimmen. Aber zugleich haben sie damit eine Agitation sanctionirt, die keinen Sinn und Verstand hat, und das wissen sie. Im Allgemeinen hat die Gesetzgebung mit der Regelung des Verhältnisses zwischen Arbeiter und Arbeitgeber gerade so viel zu thun, wie mit der Frage, wie häufig der edle und freie Bürger dieser Republik ein neues Hemd anziehen, ob er auf ganzen oder zerrissenen Strümpfen durch das Leben wandeln soll, und ob gerade der Versuch zeitgemäß ist, den fünften Theil der Productionskraft brach zu legen, ist auch doch wohl eine offene Frage. Ein Mann, der sich beim blinden Theil der Arbeitermassen beliebt machen wollte, warf den Feuerbrand hinein, und beim Bevorstehen der Nationalwahlen wollte Niemand der Gefahr trotzen, sich daran die Finger zu verbrennen. Der Preis der Arbeit wie der jeder anderen Waare wird geregelt durch das Verhältniß zwischen Angebot und Nachfrage. Will die Gesetzgebung sich damit befassen, so blamirt sie sich. Daß die Herren Repräsentanten und Senatoren dies nicht einsehen, ist undenkbar. Zu unserem Befremden äußerte selbst ein Mann wie Senator Sumner über das Bildungsbedürfniß des Arbeiters, dem auf diese Weise Rechnung getragen werden müsse, eine Reihe schöner Worte, von deren totaler Inhaltlosigkeit er selbst tief durchdrungen sein mußte. Nur der ist ein Freund des Volkes, welcher ihm unerschrocken, auch auf die Gefahr, sich selbst zu schaden, die Wahrheit sagt. Ist die Wahl vorbei, so werden die Arbeiter merken, daß sie betrogen sind."

Ob die Achtstunden-Bewegung „keinen Sinn und Verstand" hat, ob die amerikanischen Arbeiter, sobald die Präsidentenwahl vorüber ist, merken werden, daß sie „betrogen seien", ist eine Frage, deren Lösung die nächste Zukunft bringen wird.

Für Europa tritt sie in den Hintergrund gegenüber dem großen Ereigniß, daß die Gesetzgebung der Vereinigten Staaten die Achtstunden-Bewegung sanctionirt hat.

Die Folgen werden nicht ausbleiben. Von den Werkstätten und Factoreien der Vereinigten-Staaten-Regierung wird sich das Achtstunden-Princip Bahn brechen und als sittliche und berechtigte Forderung der Arbeiterklasse Geltung verschaffen allerwärts in Amerika, England und dem Continent von Europa, allerwärts, wo bis auf den heutigen Tag der Glaube an die „Allmacht" von Angebot und Nachfrage die Arbeitszeit auf das äußerste Maß der Arbeitsfähigkeit hinaufgetrieben, den Arbeitslohn auf das äußerste Maß der Lebensnothdurft des Arbeiters herabgedrückt hat.

Jetzt beginnt sich zu bewahrheiten, was Karl Marx, der gründliche Forscher und Kenner der socialen Zustände, schon am 25. Juli 1867 prophezeiht hat:

„Wie der amerikanische Unabhängigkeitskrieg des 18. Jahrhunderts die Sturmglocke für die europäische Mittelklasse läutete, so der amerikanische Bürgerkrieg des 19. Jahrhunderts für die europäische Arbeiterklasse."

Druck von J. Dräger's Buchdruckerei (C. Feicht) in Berlin.

NACHWORT

Die vorliegende originalgetreue Reproduktion der Broschüre „Die Internationale Arbeiterassociation. Ihre Gründung, Organisation, politisch-sociale Thätigkeit und Ausbreitung" erscheint anläßlich des 100. Jahrestages der Gründung der I. Internationale. Doch gedenken wir mit dieser Wiederausgabe nicht nur jener ersten internationalen Massenorganisation des Proletariats, auf deren Schultern die heutige kommunistische Weltbewegung steht — wir ehren mit ihr zugleich jenen Menschen, den Lenin als „die Seele dieser Organisation"[1] bezeichnete, Karl Marx, sowie einen der Pioniere der Internationalen Arbeiterassoziation in Deutschland, Wilhelm Eichhoff. Die vorliegende Schrift ist nämlich bis zu einem gewissen Grade eine Gemeinschaftsarbeit von Karl Marx und Wilhelm Eichhoff.

Als vor nunmehr hundert Jahren, am 28. September 1864, in der St. Martin's Hall in London von englischen, französischen, deutschen, italienischen, polnischen und schweizerischen Arbeitern sowie Vertretern der revolutionär-demokratischen Emigration die Internationale Arbeiterassoziation gegründet wurde, begann eine neue Etappe in der Geschichte der internationalen Arbeiterbewegung und des proletarischen Internationalismus. Mit Hilfe der von Marx und Engels ideologisch vorbereiteten und bald von Marx theoretisch, politisch-ideologisch und auch organisatorisch geführten I. Internationale galt es, die verschiedenen Abteilungen der internationalen Arbeiterbewegung in einer großen, einheitlichen Organisation zusammenzufassen und die Arbeiterklasse auf den Weg des politischen Kampfes zu führen. Das war eine äußerst schwierige

Aufgabe, denn noch herrschten in der Arbeiterbewegung jene vormarxistischen Theorien und Ideologien des Proudhonismus, Blanquismus, Trade-Unionismus und Lassalleanismus vor, die eine selbständige revolutionäre Klassenpolitik des Proletariats erschwerten, ja unmöglich machten.

Mit der „Inauguraladresse" und den „Provisorischen Statuten der Internationalen Arbeiterassoziation" gelang es Marx, der neugeschaffenen internationalen Organisation ein Programm zu geben, das sowohl den ideologisch wie organisatorisch so unterschiedlichen Organisationen der Arbeiterklasse den Beitritt zur Internationale offenhielt als auch auf den wissenschaftlichen Kommunismus orientierte. Er ging von den allen Arbeiterorganisationen gemeinsamen Erfahrungen und Bestrebungen aus: von ihrem Streben nach organisatorischer Selbständigkeit und von dem Bewußtsein der internationalen Solidarität der Arbeiterklasse. An diese Gemeinsamkeiten knüpfte er an, um dann – gestützt auf die praktischen Erfahrungen der Massen – die Arbeiter Schritt für Schritt zur Erkenntnis ihrer historischen Mission, zu einem einheitlichen theoretischen Programm zu führen und auf diese Weise den wissenschaftlichen Kommunismus mit der internationalen Arbeiterbewegung zu vereinigen. Mit der Ausarbeitung der gemeinsamen ideologischen, taktischen und organisatorischen Grundsätze der internationalen Arbeiterbewegung durch Marx und Engels und ihrer Anerkennung durch das oberste demokratische Organ der Internationalen Arbeiterassoziation, die Kongresse, bereitete die I. Internationale die Bildung revolutionärer proletarischer Parteien in den einzelnen Ländern vor. Damit legte sie den Grundstein für den weltumspannenden Kampf der Arbeiterklasse für Frieden, Demokratie und Sozialismus, für die kommunistische Weltbewegung der Gegenwart.

Marx und Engels begannen sofort nach der Gründung der Internationalen Arbeiterassoziation, auch die deutschen Arbeiter für den Anschluß an die Internationale zu gewinnen.[7] Eine Reihe von Besonderheiten der Arbeiterbewegung in Deutschland erleichterten ihnen dieses Bemühen. Mit dem Aufschwung der allgemein-demokratischen nationalen Bewegung in Deutschland seit dem Jahre 1859 begannen die Kämpfe der deutschen Arbeiter mehr und mehr politischen Charakter anzunehmen. Stärker als in anderen Ländern wirkten in Deutschland die Traditionen des Bundes der Kommunisten unter den fortgeschrittensten Arbeitern nach. Zudem bestanden Mitte der sechziger Jahre in Deutschland bereits zwei im nationalen Rahmen organisierte Arbeitervereinigungen: der Allgemeine Deutsche Arbeiterverein und der Verband deutscher Arbeitervereine.

Diesen Vorzügen standen jedoch andererseits eine Reihe besonderer Hemmnisse gegenüber. Die deutschen Arbeiter hatten im preußischen Militärstaat einen besonders reaktionären und mächtigen Gegner vor sich, der ihnen selbst elementare bürgerlich-demokratische Rechte vorenthielt. Auch wurde ihr Kampf durch die nationale Zersplitterung Deutschlands sehr erschwert. Der Verband deutscher Arbeitervereine löste sich zwar Mitte der sechziger Jahre mehr und mehr vom ideologischen und politischen Einfluß der liberalen Bourgeoisie, blieb jedoch noch unter dem Einfluß des demokratischen Kleinbürgertums. Die Führer des Allgemeinen Deutschen Arbeitervereins, auf den Marx und Engels bei ihrem Wirken für die Internationale in Deutschland zunächst ihr Hauptaugenmerk richteten, verfolgten keine selbständige revolutionäre Klassenpolitik, sondern setzten trotz der Warnungen von Marx und Engels die von Lassalle begonnene Politik des Paktierens mit Bismarck fort.

Als sich zeigte, daß der Allgemeine Deutsche Arbeiterverein nicht als geschlossene Organisation für die Internationale Arbeiterassoziation gewonnen werden konnte, konzentrierte sich Marx als Sekretär für Deutschland im Generalrat etwa seit Frühjahr 1865 darauf, zunächst individuelle Mitglieder für die Internationale in Deutschland zu gewinnen und lokale Sektionen zu bilden.[3] Dabei unterstützte ihn vorbildlich sein Freund und Mitstreiter Johann Philipp Becker, der von Genf aus als Präsident des Zentralkomitees der Sektionsgruppe deutscher Sprache erfolgreich unter den Arbeitern Deutschlands für die Internationale wirkte.[4] Nicht minder hatte auch Wilhelm Liebknecht vom ersten Tage ihrer Gründung an als Beauftragter und Agitator der Internationalen Arbeiterassoziation gehandelt und ihr besonders unter den Berliner und – nach seiner Ausweisung aus Preußen – unter Leipzigs Arbeitern den Boden bereitet.[5]

Die besten Anknüpfungspunkte für die Bildung lokaler Sektionen boten sich zunächst dort, wo einzelne Mitglieder oder ganze Gemeinden des Allgemeinen Deutschen Arbeitervereins in Opposition zu der propreußischen Politik ihrer Führer standen. Durchaus nicht zufällig war das meist dort der Fall, wo Mitglieder des Bundes der Kommunisten gewirkt hatten oder noch lebten — so im Rheinland, in Leipzig, Hamburg-Altona und an anderen Orten. Ab Herbst 1865 begannen hier die ersten örtlichen Sektionen der Internationalen Arbeiterassoziation in Deutschland zu entstehen' — so auch in Berlin.

Die Berliner Sektion der Internationalen Arbeiterassoziation entstand auf unmittelbare Initiative von Marx, und zwar im Januar 1866.[7] Da zur Bildung einer eigenen Sektion nur drei Mitglieder erforderlich waren, kann und dürfte wohl auch diese Berliner Sektion zahlenmäßig zunächst sehr schwach gewesen sein. Jedoch gehörten ihr einige politisch sehr erfahrene und bereits theoretisch gebildete Mitglieder an: mit Sicherheit die Schuhmacher August Vogt — ein ehemaliges Mitglied des Bundes der Kommunisten — und Theodor Metzner, der zeitweilig die Berliner Oppositionsgruppe des Allgemeinen Deutschen Arbeitervereins geleitet hatte. Ferner zählten zu ihr der Student der technischen Hochschule Sigfrid Meyer und der Schneidergeselle Albert Reimann. Sie hatten bereits 1865 auf Liebknechts Initiative unter den Berliner Arbeitern die „Inauguraladresse" der Internationale und Marx' „Herr Vogt" verbreitet und korrespondierten direkt mit Karl Marx sowie mit Johann Philipp Becker. Vogt und Meyer waren es auch, die unter schweren Opfern im Frühjahr 1866 das „Kommunistische Manifest" in neuer Auflage drucken ließen.[8]

Diese und andere, namenlos gebliebene Pioniere der I. Internationale in Berlin wirkten in den Jahren 1866 und 1867 sehr rührig in verschiedenen Berliner Arbeitervereinen für die Verbreitung des Marxismus und den Anschluß weiterer Arbeiter an die Internationale. Gegenüber der raffinierten Demagogie Schweitzers und dem Dummenfang bürgerlicher Reformer vom Schlage Schulze-Delitzschs hatten sie einen schweren Stand — dies um so mehr, als 1867 August Vogt und Sigfrid Meyer gezwungen waren, „über den großen Teich" nach den USA auszuwandern. Und doch gewann die Berliner Sektion allmählich an Einfluß. Davon zeugt, daß die Appelle des Londoner Generalrats oder des Genfer Zentralkomitees, Solidarität mit streikenden Klassenbrüdern zu üben, in Berlin ein offenes Ohr fanden. Mehrfach konnte „Der Vorbote" von der Klassensolidarität der Berliner Arbeiter, besonders der Schneider, berichten – sei es 1867 für die streikenden Londoner Schneider oder 1868 für die Bauarbeiter in Genf.[9] Auch in dem zwar kleinen und zunächst wenig einflußreichen Berliner Arbeiterverein konnten einige Mitglieder der Internationalen Arbeiterassoziation Fuß fassen. Die Folge war, daß in diesem Verein, der jahrelang unter bürgerlich-liberalem Einfluß gestanden hatte, im Frühsommer 1868 lebhafte Auseinandersetzungen über die Grundsätze einer notwendigen und erfolgreichen Arbeiterpolitik entbrannten.[10] Zu dieser Zeit, da sowohl im Verband deutscher Arbeitervereine wie im Allgemeinen Deutschen Arbeiterverein die fortgeschrittensten deutschen Arbeiter über ihre Stellung zur I. Internationale diskutierten, da auch der Berliner Arbeiterverein über seine Haltung zum bevorstehenden Nürnberger Vereinstag beriet, begann Wilhelm Eichhoff konzentriert und planmäßig unter den Berliner Arbeitern für die Internationale Arbeiterassoziation zu wirken.

Wer war Wilhelm Eichhoff?

Am 20. Februar 1833 in Berlin geboren, wuchs Wilhelm Eichhoff in wahrscheinlich kleinbürgerlichen Verhältnissen auf. In den fünfziger Jahren studierte er – vermutlich in Halle und Heidelberg – Rechtswissenschaften und lebte ab 1858 als Journalist in Berlin. 1859 war er Berliner Korrespondent für die in London erscheinende Wochenzeitung „Hermann". Gründer und erster Redakteur dieser Zeitung war Gottfried Kinkel, einer der traurigsten Repräsentanten des großmannssüchtigen, aber konfusen kleinbürgerlichen Londoner Emigrantenklüngels. Auch Eichhoff teilte damals mit den kleinbürgerlichen Demokraten viele ihrer politischen Unklarheiten. Er war durchaus noch nicht republikanisch gesinnt, sondern schwärmte – ähnlich wie zwei Jahrzehnte zuvor manche Junghegelianer – von einer sogenannten Wiedergeburt Preußens im Geiste Friedrichs II. und vom „deutschen Beruf" der Hohenzollern. Doch was ihn auszeichnete, waren ein starker Gerechtigkeitssinn und eine außerordentliche Beharrlichkeit.

Im August und September 1859 veröffentlichte Eichhoff im „Hermann" eine Artikelserie, in der er den vom Kölner Kommunistenprozeß her berüchtigten Polizeidirektor Stieber, dessen Skrupellosigkeit und Willkür in der Amtsausübung, brandmarkte. Außerdem deckte er auf, daß führende Berliner Polizeibeamte seit Jahren ihre Vorgesetzten betrügerisch hintergingen und sich auf Kosten des Staates bereicherten. Diese Artikel lösten, sobald sich Eichhoff als Autor bekannt hatte, ein wahres Kesseltreiben gegen ihn aus. Der preußische Militär- und Polizeistaat fühlte sich an einer seiner empfindlichsten Stellen getroffen. Spitzeleien und Denunziationen, gehässige Schikanen und persönliche Diffamierungen wurden inszeniert, Eichhoff sogar unter nichtigem Vorwand inhaftiert, dann wieder freigelassen, jedoch nur, um von Stieber und vom Berliner Polizeipräsidenten wegen Beleidigung und Verleumdung verklagt zu werden.

Zu diesem Zeitpunkt wurden die ersten, noch indirekten Kontakte zwischen Marx und Eichhoff hergestellt. So unterschiedlich der politische Standpunkt beider auch war – Marx zögerte keinen Augenblick, im Kampf gegen den gemeinsamen Feind auch einen Bundesgenossen zu unterstützen, der zunächst nur gegen bestimmte Erscheinungsformen des preußischen Militär- und Polizeistaates Sturm lief, ohne bereits dessen reaktionäres Wesen erkannt zu haben. Marx ließ Eichhoff die Schrift „Enthüllungen über den Kommunistenprozeß zu Köln" zukommen und gab ihm wertvolle Ratschläge, wie er sich in dem bevorstehenden Prozeß gegen Stieber verteidigen solle.[11] Sein Streben war, durch die Entlarvung Stiebers erneut vor der Öffentlichkeit das Verbrechen aufzudecken, das der preußische Polizeistaat mit dem Kölner Kommunistenprozeß an der demokratischen Bewegung begangen hatte.

Eichhoff wußte die gewährte Hilfe gut zu nutzen. In der Silvesternummer des „Hermann" veröffentlichte er unter offensichtlicher Benutzung der Marxschen „Enthüllungen" erneut einen so geharnischten Angriff gegen die Polizeilumpereien, daß auf persönlichen Wunsch des Prinzregenten Wilhelm, des einstigen „Kartätschenprinzen", der „Hermann" für ganz Preußen verboten wurde.¹² Natürlich fanden sich in Preußen willfährige Richter, die am 16. Mai 1860 Eichhoff zu 14 Monaten Gefängnis verurteilten.¹³ Doch diese „Ehrenrettung" Stiebers war ein Pyrrhussieg. Eichhoffs Beweisführung, Stieber habe im Kölner Kommunistenprozeß wissentlich zum Nachteil der Angeklagten einen Meineid geleistet, war so offenkundig, die öffentliche Meinung gegen diese verhaßte „Stütze der Gesellschaft" so aufgebracht¹⁴, daß die Regierung Stieber schließlich aus dem Staatsdienst entlassen mußte. Wenige Tage später bat der Justizminister um seine Entlassung und erhielt sie.

Eichhoff gab den Kampf keineswegs auf. Nicht nur, daß er Revision einlegte – er rief jetzt die Öffentlichkeit zum Verbündeten. Ende August oder Anfang September veröffentlichte er eine Broschüre „Berliner Polizei-Silhouetten", in deren erstem Teil er die Genesis seines Prozesses und der gegen ihn entfesselten Hexenjagd darstellte, in deren zweitem Teil er aber bis ins einzelne die Korruption und Willkürherrschaft im Berliner Polizeipräsidium nachwies. Die Schrift erregte in ganz Deutschland und darüber hinaus Aufsehen.¹⁵ Die beste Reklame machte die preußische Regierung selbst, indem sie die Broschüre sofort verbot und die Verbreitung zu verhindern trachtete.¹⁶

Eichhoff bat Lassalle sofort, ein Exemplar seiner Schrift an Marx zu schicken, was Lassalle jedoch vergaß. Marx aber hatte bereits auf anderem Wege die Broschüre erhalten und an Engels und andere Freunde weitergeschickt. „Schlecht geschrieben, aber köstliche Tatsachen drin. Wirft ein schönes Licht auf die ‚liberale Polizei' und ‚Gerichte' in Berlin"¹⁷, kommentierte er. Zuvor hatte er bereits durch Lassalles Vermittlung Eichhoffs Verteidiger erneut umfangreiche Hinweise über Stiebers Intrigen und Spitzeleien 1851/52 übersandt – das Ergebnis weiterer „Nachforschungen über diesen mir besonders nahliegenden Kasus"¹⁸.

Ohne Zweifel stärkte diese Anteilnahme und Unterstützung Eichhoffs Widerstandsgeist. Allmählich begann er auch zu begreifen, daß der ehrlose Stieber und der korrupte Polizeipräsident nicht zufällige, krankhafte Erscheinungen in einem an sich gesunden Staat, sondern typische Folgen eines in seinen Wurzeln undemo-

kratischen und unmenschlichen Systems waren. Als er im Dezember eine Fortsetzung seiner „Berliner Polizei-Silhouetten" herausgab, schloß er sie mit den Worten: „Im Oktober 1858 hat nur ein Wechsel der *Personen* stattgefunden, das *System* ist geblieben... Und was den Ausgang des Staates betrifft, der dies Gift in sich trägt, dessen frisches Lebensblut in ihm erstickt, dem die Kraft fehlt, die allein das Gift unschädlich zu machen und die angesteckten Körperteile auszuschwefeln imstande ist – das drohende Verhängnis dieses Staates läßt mit einem Wort und mit einer Jahreszahl sich bezeichnen; es heißt:
Jena 1806!
Jena! Jena! Jena!"[19]
Das war keineswegs nur eine stilistische Anleihe Eichhoffs bei Marx[20], sondern deutete auf reifende politische Einsichten hin.

Die folgenden Ereignisse überstürzten sich. Das Appellationsgericht bestätigte am 30. Januar 1861 nicht nur die gegen Eichhoff ausgesprochene Gefängnisstrafe, sondern erhöhte sie noch auf 15 Monate.[21] Eichhoff antwortete mit neuen Presseartikeln und mit einer Flugschrift „Was das preußische Volk erwartet"[22]. Am 13. Februar wurde er wegen Verleumdung Stiebers und Beleidigung des Polizeipräsidenten zu weiteren 9 Monaten Gefängnis verurteilt.[23] Als dann auch noch ein Steckbrief gegen ihn wegen Majestätsbeleidigung und anderer „Vergehen" erlassen wurde, entzog er sich der Verhaftung, indem er sich am 6. März nach England einschiffte.[24]

Noch von deutschem Boden aus war Eichhoff in unmittelbaren Kontakt mit Marx getreten. Er hatte ihm seine neueste Flugschrift geschickt und Marx gebeten, kommentierte Auszüge daraus möglichst in die „Times" zu bringen. Auch schrieb er von seiner Absicht, möglichst in einem größeren Werk den preußischen Staat, „die Jämmerlichkeit seiner inneren Verwaltung, die Haltlosigkeit seiner äußeren Politik, die Perfidie und die Verächtlichkeit seiner Staatsmänner-Bürokraten" bloßzustellen.[25] Wenige Wochen später lernte er Marx persönlich kennen. Wie unzähligen mittellosen politischen Flüchtlingen vor ihm, so stand auch Eichhoff Marx' Haus offen. Häufig war er Gast in der Familie Marx, gewann die Sympathien des 15 Jahre älteren Marx, lernte Jenny Marx schätzen und schloß besonders mit dem kleinen Töchterchen Eleanor Freundschaft. Auch von Marx' Freunden Engels, Dronke und Wilhelm Wolff wurde er bereitwillig aufgenommen.

Für Eichhoff begannen jetzt Jahre des Lernens, in denen er sich durch die Lektüre der Marxschen Schriften Schritt für Schritt die Grundgedanken des wissenschaftlichen Kommunismus aneignete. Ergänzt und gefördert wurde dieser theoretische Reifeprozeß durch persönliche Gespräche, die – nach seiner Übersiedlung nach Liverpool – in einem recht regen Briefwechsel mit Marx und Engels ihre Fortsetzung fanden. Nachdem er seinen „Berliner Polizei-Silhouetten" noch zwei weitere Fortsetzungen hatte folgen lassen, unterstützte er Marx vor allem bei der Abwehr niedriger Verleumdungen, die teils in konservativen deutschen Blättern, teils durch Kinkel und andere literarische Scheingrößen gegen Marx und seine Mitkämpfer erhoben wurden.[26] Auch bei Engels in Manchester war Eichhoff häufig zu Gast.[27] Wenn er konnte, half er Marx auch mit Geld aus, doch meist lebte er selbst in großer Not.

Als Wilhelm Eichhoff im Herbst 1866 auf Grund einer Amnestie in Preußen nach Berlin zurückkehren konnte, war aus dem kleinbürgerlichen Demokraten ein Verfechter der Marxschen Lehre, ein Parteigänger der Arbeiterklasse und – wie bald offenkundig werden sollte – ein Vorkämpfer der Internationalen Arbeiterassoziation geworden. Zunächst hatte es Eichhoff sehr schwer, in seiner Heimatstadt wieder Fuß zu fassen. Sein Bemühen, wieder als Journalist zu arbeiten, blieb lange erfolglos, die Polizei bespitzelte ihn, und die klassenbewußten Arbeiter, die seine Entwicklung in England nicht kannten, verhielten sich wahrscheinlich zunächst ihm gegenüber sehr zurückhaltend.[28] Mit Beginn des Jahres 1868 trat Eichhoff wieder öffentlich auf, und zwar – wie sich bald zeigte – als Vertrauensmann von Marx und Engels, die er auch schon im Jahr zuvor mit Berichten, Zeitungen und anderen Materialien aus Berlin versorgt hatte.[29]

Er begann damit, Marx' Hauptwerk „Das Kapital" zu propagieren. Von Februar bis Mai 1868 hielt er eine Reihe von Vorträgen über „Die Ursachen der Handelsstockungen der Gegenwart" in einigen Berliner Bezirksvereinen.³⁰ Diese Bezirksvereine standen zwar unter dem politischen Einfluß der Fortschrittspartei, doch gehörten ihnen auch viele Arbeiter an. Eichhoff konzentrierte sich darauf, seinen Zuhörern den utopischen Charakter jener Vorschläge zu beweisen, die damals der kleinbürgerliche Reformer und Sparsamkeitsapostel Schulze-Delitzsch unter den Arbeitern verbreitete. Dabei stützte sich Eichhoff neben dem „Manifest der Kommunistischen Partei" vor allem auf „Das Kapital", aus dem er ausführlich zitierte.³¹ Marx übermittelte ihm außerdem noch spezielle Hinweise und Materialien.³² Auf diese Weise ergänzte Eichhoff mit seinen Mitteln jene damals von Marx' Freunden unternommenen Bemühungen, die Verschwörung des Schweigens zu durchbrechen, mit der die offizielle Wissenschaft das Erscheinen des ersten Bandes des „Kapitals" umgab.

Wichtiger aber als diese Vortragsreihe war, daß sich Eichhoff im Sommer 1868 daranmachte, die Grundsätze und Ziele der Internationalen Arbeiterassoziation vor einem großen Publikum, namentlich vor Arbeitern, zu popularisieren. Anlaß dazu war ein von seinem Bruder Albert, einem Verlagsbuchhändler, vorbereiteter „Arbeiterkalender". Dieser „Arbeiterkalender" sollte, so war ursprünglich geplant, durch einen werbenden Artikel über den lassalleanischen Allgemeinen Deutschen Arbeiterverein eingeleitet werden. Wilhelm Eichhoff wirkte darauf hin, daß statt dieser Abhandlung ein Aufsatz über die Internationale Arbeiterassoziation vorgesehen wurde.³³ Daß er sich bei diesem Vorhaben völlig als Beauftragter der Internationale fühlte, beweist sein nun in den nächsten Wochen äußerst lebhafter Briefwechsel mit Karl Marx. Am 6. Juni 1868 fragte er bei Marx an, „ob Ihnen eine Art Reklame für die Internationale Assoziation, die voraussichtlich in Deutschland ziemlich verbreitet werden würde, auch an Plätzen, wohin die Organisation bis jetzt noch nicht gedrungen ist, angenehm oder wenigstens nicht unerwünscht sein würde". Er entwickelte dann in großen Zügen die Konzeption des geplanten Artikels, der den Arbeitern auch Winke geben sollte, wie sie sich trotz der reaktionären Vereinsgesetzgebung der Internationale anschließen könnten. Sollte Marx diesem Plan zustimmen, so fuhr Eichhoff fort, möchte er ihm doch die für die Abfassung des Aufsatzes erforderlichen Materialien zusenden. Nach seiner Meinung „wäre jetzt grade ein Moment, um für die Internationale in Deutschland etwas Reklame zu machen".[4]

Marx stimmte dem Vorhaben Eichhoffs sofort zu. Obwohl gerade wieder von Krankheiten und besonders schweren finanziellen Sorgen geplagt, machte er sich doch sogleich daran, die für Eichhoff wichtigen Materialien zusammenzustellen. Doch begnügte er sich nicht damit. Marx fertigte offensichtlich auch eigenhändige Exzerpte und Notizen an. Und mehr als das. Seine Mitteilung an Engels, er „schreibe ... das Zeug für Eichhoff zurecht"[35], macht es sehr wahrscheinlich, daß er bestimmte Partien für den geplanten Aufsatz bereits selbst entwarf. Diese Vermutung wird völlig bestätigt durch den Antwortbrief Eichhoffs vom 29. Juni. Er dankte Marx herzlich „für die übersandten Materialien, deren tatsächlicher Inhalt meine Erwartungen übertroffen hat und jedenfalls anderen ebenso imponieren wird wie mir.

Daß ich Ihr Manuskript wörtlich benutze oder nur nach Ihren Andeutungen ergänze und vervollständige, bedarf wohl keiner weiteren Erörterung."[36] Diese Worte machen deutlich, daß Marx bereits einen zumindest in großen Zügen skizzierten Entwurf des Aufsatzes an Eichhoff sandte.

Wahrscheinlich am 27. Juni schickte Marx seine Ausarbeitungen nach Berlin ab. Eichhoff machte sich unverzüglich mit Feuereifer an die Arbeit und konnte schon am 12. Juli die ersten Korrekturbogen an Marx absenden. Unter der Hand war das Manuskript allerdings auf 4 bis 6 Bogen angeschwollen, so daß eine Veröffentlichung im „Arbeiterkalender" nicht mehr möglich war. Die Brüder Eichhoff entschlossen sich, die Arbeit als separate Druckschrift zu veröffentlichen.

Vom 12. bis 22. Juli übersandte Wilhelm Eichhoff die Korrekturbogen der Schrift an Marx mit der Bitte, „zu korrigieren und zu ändern, was Ihnen gutdünkt oder vielmehr nicht gefällt"[37]. In jedem seiner ausführlichen Begleitbriefe überschüttete er Marx mit Fragen, die sich sowohl auf Einzelheiten der Übersetzung zitierter Dokumente wie vor allem auf inhaltliche politische Probleme der

Broschüre bezogen. Die Antwortbriefe von Marx sind uns nicht bekannt. Doch geht aus Eichhoffs Briefen hervor, daß Marx ihm stets die korrigierten Druckfahnen und seine Bemerkungen zurücksandte und ihn mit Ratschlägen unterstützte. Auch läßt sich aus einem Vergleich zwischen den von Eichhoff aufgeworfenen Fragen und der veröffentlichten Fassung der Arbeit schlußfolgern, wie Marx' Vorschläge und Meinungen gelautet haben mögen. So liegt beispielsweise die Vermutung nahe, daß die rühmenden Worte über Johann Philipp Becker auf Seite 35 auf eine Anregung oder gar einen Entwurf von Marx zurückgehen.[34]

Auf diese Weise erhielt Eichhoffs Schrift in gewissem Maße den Charakter einer Gemeinschaftsarbeit von Marx und Eichhoff. In jedem Fall darf sie, da Marx das gesamte Manuskript durchkorrigierte, als eine von ihm autorisierte Darstellung der Geschichte der Internationalen Arbeiterassoziation gelten. Das ist um so gewichtiger, als diese Schrift überhaupt die erste geschlossene Abhandlung über die Rolle und das Wirken der Internationale von marxistischer Seite war. Darüber hinaus hatte sie für Deutschland noch eine besondere Bedeutung.

War die Internationale Arbeiterassoziation Mitte 1868 auch in Frankreich, Belgien, England und der Schweiz schon zu einer Macht geworden, die besonders anläßlich der Streikkämpfe in Paris (1867), Genf (1868) und Charleroi (1868) die Kraft der internationalen Solidarität der Arbeiterklasse erprobt und bewiesen hatte, so waren ihre politischen und organisatorischen Erfolge in Deutschland doch noch relativ gering geblieben. Dazu trug nicht zuletzt die reaktionäre Vereinsgesetzgebung in Deutschland bei, die es Vereinen unmöglich machte, sich als Kollektiv der Internationalen Arbeiterassoziation organisatorisch anzuschließen. Möglich blieb allein die Mitgliedschaft als Einzelperson. So mußte dem Generalrat daran gelegen sein, insbesondere für Deutschland die vielfältigsten Formen der Aufklärung über die Aufgaben und die Tätigkeit der Internationale auszunutzen, um die Massen für die Ziele der internationalen Organisation der Arbeiterklasse zu gewinnen.

Wilhelm Eichhoff war, als er Marx die Idee zu der Broschüre

unterbreitete, formal noch nicht Mitglied der Internationalen Arbeiterassoziation. Er bat Marx daher am 12. Juli, ihm eine Mitgliedskarte zu übersenden. Marx entsprach diesem Wunsche, datierte jedoch die Mitgliedschaft auf das Jahr 1865 vor, womit er zweifellos zum Ausdruck bringen wollte, daß Eichhoff bereits seit Jahren im Sinne der Internationale wirkte.[39] Gleichzeitig stärkte er damit aber auch die politische Stellung und Autorität Eichhoffs unter den Berliner Arbeitern und überhaupt unter den Mitgliedern der Internationalen Arbeiterassoziation in Deutschland. Ähnliche Überlegungen dürften Marx auch in einer anderen Frage geleitet haben. Eichhoff fragte bei Marx an, ob er die Schrift unter seinem Namen oder „anonym unter der Bezeichnung eines Londoner Mitglieds der Assoziation"[40] herausgeben sollte. Marx riet zu ersterem – höchstwahrscheinlich ebenfalls, um Eichhoffs Namen unter den fortgeschrittensten deutschen Arbeitern bekannt zu machen.

Wie sehr Eichhoff das Vertrauen des Generalrats und Marx' persönlich besaß, geht auch daraus hervor, daß er noch im Juli als Berliner Korrespondent der Internationale eingesetzt wurde.[41] In dieser Eigenschaft unterbreitete Eichhoff schon in seinem Brief vom 18. Juli Marx einen detaillierten Vorschlag, wie die Mitglieder der Internationalen Arbeiterassoziation in den einzelnen Städten des Norddeutschen Bundes die reaktionäre Vereinsgesetzgebung umgehen und sich doch wenigstens in loser Form zusammenschließen könnten.[42]

Auch in der Folgezeit erwies sich Wilhelm Eichhoff als geschickter Organisator und Taktiker. Während er noch letzte Hand an die Broschüre legte, versuchte er gleichzeitig, nach einem Marx mitgeteilten „Operationsplan", in der von dem aufrechten kleinbürgerlichen Demokraten Guido Weiß redigierten Zeitung „Die Zukunft" die wissenschaftliche Leistung von Marx und die politischen Ziele der Internationalen Arbeiterassoziation zu propagieren.[43] Und tatsächlich erschienen Ende Juli in der „Zukunft", die damals nicht nur von Marx und Engels regelmäßig gelesen, sondern auch gelegentlich von ihnen als Publikationsorgan genutzt wurde, Artikel, in denen die genialen Gedanken in Marx' „Kapital" gewürdigt wurden. „In der ‚Zukunft' sind ‚Ökonomische Briefe', worin meinem

Buch Elogen (d. h. Lobreden – H. G.) gemacht werden. In der Tat sind diese Briefe großteils daraus abgeschrieben"[44], berichtete Marx an Engels. Zur gleichen Zeit erbat Eichhoff von Marx mehrere Exemplare des „Manifests der Kommunistischen Partei", um sie in Berlin zu verbreiten. Marx kam dieser Bitte gern nach.[45]

Als am 1. August 1868 die Schrift „Die Internationale Arbeiterassociation" unter Wilhelm Eichhoffs Namen herauskam, fand sie rege Beachtung in der Öffentlichkeit. Am 18. Juli hatte das „Demokratische Wochenblatt" die vorgeschlagene Tagesordnung für den Nürnberger Vereinstag veröffentlicht, auf dem in erster Linie der Anschluß des Verbandes deutscher Arbeitervereine an die Internationale Arbeiterassoziation behandelt werden sollte. Wenig später beschloß das Präsidium des Allgemeinen Deutschen Arbeitervereins, auf der für Ende August einberufenen Generalversammlung das Verhältnis seiner Organisation zur internationalen Arbeiterbewegung zu behandeln. Das Augenmerk der zu politischem Handeln erwachten deutschen Arbeiter und selbst großer Teile des demokratischen Kleinbürgertums richtete sich daher in jenen Wochen in bis dahin nie gekanntem Maße auf die Internationale.

Eichhoff konzentrierte sich nach Erscheinen der Broschüre darauf, sie so schnell wie möglich unter den Berliner und – durch Vermittlung Bebels – unter den deutschen Arbeitern zu verbreiten. „Die Herstellungskosten kann die Bourgeoisie bezahlen, wenn sie Lust hat, sich ihr bevorstehendes Unglück klarzumachen. An Arbeiter verbreite ich die Schrift umsonst"[46], schrieb er am 8. August 1868 an Marx und bat ihn um weitere Adressen von Arbeitervereinen und bekannten Revolutionären, denen er die Broschüre zuschicken sollte. Er selbst sandte sie sofort an Johann Philipp Becker nach Genf, an den Deutschen Arbeiterbildungsverein in London, an Marx' Freund Dr. Kugelmann in Hannover und andere Sozialisten, die ihrerseits wiederum für die schnelle Verbreitung der Schrift sorgten.

Trotz des knappen Raums vermittelte die Broschüre einen gedrängten Überblick über Aufgaben und Ziele der Internationalen Arbeiterassoziation, die Geschichte ihrer Ausbreitung und die Resultate ihrer internationalen Kongresse zu Genf (1866) und Lausanne (1867). Sie informierte die Arbeiter über die solidarische Hilfe der Assoziation bei den Streiks von Paris, Genf und Charleroi, über ihre politischen Erfolge, über die gegen die Internationale angestrengten Unterdrückungsmaßnahmen der französischen und belgischen Regierung und über die mannhafte, stolze Haltung der angeklagten Internationalisten vor dem bürgerlichen Klassengericht. Doch besonders wichtig für die politische und ideologische Wirkung der Schrift war, daß Eichhoff in ihr die von Karl Marx verfaßte „Inauguraladresse" und die „Statuten der Internationalen Arbeiterassoziation" in – wie er schrieb – „möglichst wortgetreuer Übersetzung"[47] abdruckte. Dadurch wurden zahlreiche deutsche Arbeiter mit dem unverfälschten marxistischen Programm ihrer Klasse bekannt und vertraut.[48] Zugleich erhielten sie, erläutert anhand konkreten historischen Materials, einen vom marxistischen Standpunkt dargebotenen Einblick in die opfervollen und erfolgreichen Kämpfe der Internationale in den verschiedenen europäischen Ländern. Vor allem aber lehrte diese Schrift die deutschen Arbeiter in überzeugender Weise die große Kraft und die unbedingte Notwendigkeit des proletarischen Internationalismus.

Die große Bedeutung, die Eichhoffs Broschüre für die ideologische Klärung unter den fortgeschrittensten deutschen Arbeitern und ihre Hinwendung zum Marxismus hatte, erklärt sich nicht zuletzt daraus, daß in der Schrift bewußt die theoretisch reifsten Dokumente und Beschlüsse der Internationalen Arbeiterassoziation in den Mittelpunkt gestellt wurden. Keineswegs zufällig wurden bei der Behandlung des Genfer Kongresses von 1866 jene Beschlüsse ausführlich erläutert, für die Marx in seinen „Instruktionen für die Delegierten des Provisorischen Zentralrats zu den einzelnen Fragen" eine klare, wissenschaftliche Orientierung gegeben hatte.[49] Das waren neben dem Beschluß über die Gewerkschaften, der im 8. Kapitel der Eichhoffschen Broschüre sinngemäß behandelt wurde, vor allem jene Resolutionen über die internationale Vereinigung der Anstrengungen im Kampf zwischen Arbeit und Kapital, über die Beschränkung des Arbeitstages oder über die Arbeit von Jugendlichen und Kindern, von denen Marx selbst sagte, daß sie „als Bestandteil des Programms der Internationale zu betrachten sind"[50]. Aufschlußreich ist auch, daß in Eichhoffs Schrift die strikte Ablehnung jedes Personenkults durch die Internationale Arbeiterassoziation nachdrücklich betont wurde — eine Feststellung, die nicht zuletzt gegen den Sektencharakter der Lassalleaner gerichtet war.

Eichhoff legte großen Wert darauf, die wissenschaftliche und politische Autorität von Marx unter den deutschen Arbeitern zu stärken. Er verwies mehrfach auf Schriften von Marx, nannte Marx als Autor der Inauguraladresse, teilte Marx' Londoner Adresse mit — woraufhin sich viele deutsche Arbeiter persönlich an Marx um Rat wandten — und hob voller Stolz hervor, daß es „also ein Deutscher" ist, „welcher der internationalen Arbeiterassoziation ihre bestimmte Tendenz und Organisation gegeben hat"[51].

Für viele Jahrzehnte blieb diese von Marx und Eichhoff verfaßte Gemeinschaftsarbeit die bedeutendste historische Darstellung der ersten Jahre der Internationalen Arbeiterassoziation. Mehreren später geschriebenen Arbeiten über die Rolle und die Entwicklung der I. Internationale diente sie als wichtigste Grundlage, so den Broschüren von Carl Hillmann und Vera Sassulitsch.[52] Und noch in den neunziger Jahren verwies Engels, wenn er um Auskunft über die I. Internationale gebeten wurde, stets auf die von Eichhoff veröffentlichte Broschüre, weil sie als einzige „Vertrauen verdient".[53]

„Die Sache wird sehr gut wirken"[54], schrieb Friedrich Engels unmittelbar nach der Lektüre der Broschüre an Marx am 6. August 1868. Und so geschah es auch. Schon vor dem Nürnberger Vereinstag half die Schrift den proletarischen Kräften in der Auseinandersetzung mit der liberalen Bourgeoisie. Ein Teil der Auflage, 300 Exemplare, wurde von Bebel als Präsident des Verbandes deutscher Arbeitervereine übernommen, um sie statt durch den Buchhandel unmittelbar über die Arbeitervereine zu herabgesetztem Preis unter den fortgeschrittensten deutschen Arbeitern zu vertreiben.[55] „Die Schrift ist allen denen zu empfehlen, welche unsere Gegner über die Verdienste dieser Assoziation um die arbeitende Klasse aufzuklären und zu belehren wünschen"[56], so appellierte August Bebel noch von Nürnberg aus an die klassenbewußten deutschen Arbeiter. Und in der Tat spielte Eichhoffs Broschüre in den

Diskussionen, die über Anerkennung oder Ablehnung der Nürnberger Beschlüsse in den Arbeitervereinen in den folgenden Monaten geführt wurden, eine äußerst wichtige Rolle. Sie half vielen Vereinen und zahlreichen Arbeitern, ihre Klassenziele zu erkennen, sich von der Bourgeoisie zu trennen und unter Leitung Bebels und Liebknechts die selbständige proletarische Massenpartei in Deutschland Schritt für Schritt vorzubereiten.[57]

So beweisen diese von Marx und Eichhoff gemeinsam vorbereitete Broschüre und ihre Wirkung ein weiteres Mal, welch große Rolle die Internationale Arbeiterassoziation und insbesondere Marx persönlich bei der Herausbildung der auf dem Boden des Marxismus stehenden Massenpartei in Deutschland spielten. Wie unzählige andere Beispiele widerlegt auch die Genesis von Eichhoffs Schrift die absurden Behauptungen mancher bürgerlicher und opportunistischer Historiker, Marx hätte, vergraben in seiner Studierstube in London, keinerlei nennenswerten Einfluß auf die Entwicklung der deutschen Arbeiterbewegung in den 60er Jahren ausübt.

Wilhelm Eichhoff nahm selbst am Nürnberger Vereinstag teil. Da sich der Berliner Arbeiterverein durch seinen Vorsitzenden Robert Krebs vertreten ließ, hatte Bebel für Eichhoff ein Mandat des Arbeitervereins in Gohlis bei Leipzig vermittelt.[58] Eichhoff begrüßte die Delegierten im Namen der Internationalen Arbeiterassoziation und trat selbstverständlich für den Anschluß des Verbandes deutscher Arbeitervereine an die Bestrebungen der Internationale ein.[59] Noch während der Verhandlungen schrieb er an Marx und berichtete ihm voller Freude von dem großen Sieg, den die von Bebel und Liebknecht geführte Majorität mit ihrem Anschluß an die Internationale Arbeiterassoziation errungen hatte. Da sich Robert Krebs wider Erwarten in der Programmdebatte gegen den Anschluß an die Internationale ausgesprochen und schließlich sogar seinen Austritt aus dem Verband deutscher Arbeitervereine erklärt hatte, beantragte Eichhoff in demselben Brief beim Generalrat, „daß Hr. Krebs im Interesse der Disziplin zur Rechenschaft gezogen werden muß und, wenn er sich nicht genügend rechtfertigen kann, aus der Assoziation ausgestoßen werden muß"[60]. Wenig später kam das Genfer Zentralkomitee der Sektionsgruppe deutscher Sprache diesem Antrag nach.⁶¹

Eichhoff setzte auch in den folgenden Monaten alle Kraft daran, die Beschlüsse des Nürnberger Vereinstages zu verwirklichen, die klassenbewußten deutschen Arbeiter für den Beitritt zur Internationalen Arbeiterassoziation zu gewinnen und damit die Gründung einer revolutionären proletarischen Massenpartei in Deutschland vorzubereiten. Nachdem er am 10. September zusammen mit Bebel in Gohlis vor 500 bis 700 Personen über den Nürnberger Vereinstag berichtet und erläutert hatte, „daß es sich jetzt darum handle, den Nürnberger Beschluß auszuführen und der Internationale en masse (in Massen – H. G.) beizutreten"⁶², konzentrierte er sein Augenmerk darauf, in Berlin der Internationale und damit auch Bebel und Liebknecht einen starken Stützpunkt zu schaffen.

Mitte September trat er in den Berliner Arbeiterverein ein, einzig zu dem Zweck, wie er an Marx schrieb, „daß ich in der nächsten Sitzung den Antrag stellen würde, der Verein erkläre seine Zustimmung zur Haltung der Nürnberger Majorität und seinen Anschluß an die Bestrebungen der Internationale"⁶³. Von ihm ging dann auch der Anstoß zu den prinzipiellen Auseinandersetzungen im Berliner Arbeiterverein über die Haltung des Vereins zur Internationale aus. Diese Auseinandersetzungen gipfelten unter Eichhoffs führender Mitwirkung in der Gründung des Demokratischen Arbeitervereins im Oktober 1868.⁶⁴ Folgerichtig wurden in den ersten Paragraphen des Statuts des Demokratischen Arbeitervereins als sein Zweck „die politische und soziale Befreiung der Arbeiterklasse" und die Förderung all jener Bestrebungen bezeichnet, „welche durch die geistige und materielle Hebung der Arbeiter die völlige politische und soziale Emanzipation der Arbeiterklasse bezwecken"⁶⁵. Mit dieser Programmerklärung bekannte sich der Demokratische Arbeiterverein zu den Grundsätzen des proletarischen Klassenkampfes, wie sie von Marx in der Inauguraladresse der Internationalen Arbeiterassoziation entwickelt und auf dem Nürnberger Vereinstag angenommen worden waren.

Natürlich war der Demokratische Arbeiterverein nicht völlig identisch mit den Mitgliedern der Internationale in Berlin; doch die führenden Mitglieder des Vereins wie Eichhoff, Carl Hirsch, Theodor Metzner, C. Skladanowsky oder C. Josewicz gehörten zugleich der Assoziation an. Vor allem aber verfügten die Berliner Mitglieder der Internationalen Arbeiterassoziation mit dem Demokratischen Arbeiterverein über eine legale Organisation, mit deren Hilfe sie die Ideen des wissenschaftlichen Kommunismus und die Prinzipien des proletarischen Internationalismus unter Berlins Arbeitern verbreiten und durchsetzen konnten. So nimmt es nicht wunder, daß der Demokratische Arbeiterverein bei der Vorbereitung des Eisenacher Kongresses eine höchst aktive Rolle spielte und im Juli 1869 in einem Flugblatt an alle sozialistischen deutschen Arbeiter appellierte: „Vereinigt Euch mit uns vor allen Dingen zur Einberufung eines gemeinsamen Kongresses der sozialdemokratischen Partei, ... um – auf Grund des Programms der Internationalen Arbeiterassoziation – eine gemeinsame Organisation, auch der Gewerksgenossenschaften, zu beraten!

Eingedenk des Wahlspruchs: ‚Proletarier aller Länder und Berufsarten, vereinigt euch!' kämpft mit uns ..."[66]

Eichhoff hatte an dieser Entwicklung vielfältigen Anteil. Als Bevollmächtigter des Generalrats der Internationalen Arbeiterassoziation in Berlin[67] stand er mit Marx weiterhin in ständigem brieflichem Kontakt, informierte ihn über die politische Situation in Berlin, setzte sich – wenn auch erfolglos – für den Druck von Marx' „Achtzehntem Brumaire des Louis Bonaparte" und Engels' „Der deutsche Bauernkrieg" in Berlin ein[68] und suchte im Mai 1869 Marx auch wieder persönlich in London auf.[69] Durch Vorträge im Demokratischen Arbeiterverein oder im Buchdruckergehilfenverein trug er zur Verbreitung der Grundsätze des Marxismus und zur Entlarvung der arbeiterfeindlichen und spalterischen Politik Schweitzers bei. Als Korrespondent des „Demokratischen Wochenblatts" vermittelte er die Erfahrungen der Berliner Sozialdemokraten und setzte sich mit lassalleanischen Auffassungen auseinander.[70] Es war nur folgerichtig, wenn Eichhoff daher auch zu jenen elf Berliner Unterzeichnern der offiziellen Einladung zum Eisenacher Kongreß gehörte, die das „Demokratische Wochenblatt" am 17. Juli 1869 veröffentlichte. So wurde Wilhelm Eichhoff zu einem der Wegbereiter und ersten Mitglieder der Sozialdemokratischen Arbeiterpartei in Deutschland.[71]

Auch in den folgenden Jahren und Jahrzehnten hielt Eichhoff der revolutionären Partei der deutschen Arbeiterklasse die Treue und blieb mit Marx und Engels in Freundschaft verbunden. In den siebziger und bis Mitte der achtziger Jahre lebte er fast ohne Unterbrechung in Berlin, wo er sich auf vielfältige, doch stets recht mühsame Art als Kaufmann durchs Leben schlug. Mit Marx blieb er in Verbindung, besuchte ihn auch 1874 und hatte in Berlin engen Kontakt mit Marx' Schwager Edgar von Westphalen.[72] Wahrscheinlich korrespondierte er auch gelegentlich nebenbei für die sozialistische Presse. Sein tiefer Haß gegen den preußisch-deutschen Militarismus und dessen Exponenten Bismarck trieb ihn dazu, 1876 dem von Bismarck bekämpften und aus dem diplomatischen Dienst gejagten Grafen Arnim seine Feder zu leihen. Die unter dem Titel „Pro nihilo! Vorgeschichte des Arnim'schen Processes. Erstes Heft" in Zürich 1876 erschienene Streitschrift wurde von Eichhoff mehr oder weniger vollständig verfaßt.[73]

Als 1878 der durch das Ausnahmegesetz sanktionierte Massenterror gegen die revolutionäre deutsche Arbeiterbewegung einsetzte, wurde natürlich auch die Broschüre „Die Internationale Arbeiterassociation" verboten.[74] In welcher Weise Eichhoff bereits in den ersten Jahren des Sozialistengesetzes am illegalen oder legalen Kampf der Partei teilnahm, ist uns bisher nicht bekannt. Doch als 1884 von Paul Singer im Auftrag der Berliner Sozialdemokraten das „Berliner Volksblatt" ins Leben gerufen wurde, arbeitete Eichhoff mehrere Monate lang an dieser Zeitung mit, aus der später der „Vorwärts", das Zentralorgan der SPD, hervorgehen sollte.[75] Im Frühjahr 1885 ging Eichhoff nach München, um dort – meist als verantwortlicher Redakteur – an den legalen Arbeiterzeitungen „Recht auf Arbeit", „Deutsches Wochenblatt", „Thüringer Waldpost" und „Münchner Post" mitzuwirken.[76] Sein mutiges Auftreten gegen das Sozialistengesetz, das Hunderttausende fast aller bürgerlich-demokratischer Rechte beraubte, und seine Teilnahme am illegalen Kampf der Partei quittierten Polizei und Gerichte mit mehrfachen Gefängnisstrafen.[77] Im Jahre 1888 siedelte er nach Stuttgart über und übernahm dort die Redaktion des „Schwäbischen Wochenblattes".

Wie sehr Eichhoff auch in diesen Jahren mit jenen beiden Männern verbunden blieb, die ihm den Weg an die Seite der Arbeiterklasse gewiesen hatten, bezeugt sein Briefwechsel mit Friedrich Engels. Einige Wochen nach Marx' Tod fragte Eichhoff bei Engels an, ob er bei der Herausgabe des literarischen Nachlasses von Marx irgendwie nützlich sein könnte. Vor allem dachte er daran, daß er, der die Handschrift von Marx kannte, vielleicht beim Korrekturlesen des zweiten Bandes des „Kapitals" helfen könnte.[78] Wenn auch aus dieser Form einer Zusammenarbeit nichts wurde, so entspann sich einige Jahre später, 1888, ein lebhafter Briefwechsel, als Eichhoff begann, englisch- oder französischsprachige soziale Romane oder wissenschaftliche Werke ins Deutsche zu übersetzen. Engels und Eleanor Marx-Aveling unterstützten ihn hierbei bereitwillig. Engels war es auch, der ihm den Roman „City girl" der englischen Schriftstellerin Margaret Harkness empfahl[79], jenen Roman, bei dessen Analyse Engels seine berühmt gewordene Realismus-Definition formulierte.[80] Eichhoff übersetzte diesen Roman im Februar/März 1888 größtenteils während einer Gefängnishaft und versuchte, ihn in einer Zeitschrift zu veröffentlichen.[81] Viele Fragen, die bei der Übersetzung auftauchten, unterbreitete er Engels, und dieser half auch dieses Mal mit Rat und Tat und übernahm selbst die Vermittlung der Korrespondenz zwischen Eichhoff und Margaret Harkness.

Sehr wahrscheinlich ist, daß Engels auch Eichhoffs Bitte nachkam, die deutsche Übersetzung des durch Engels berühmt gewordenen Buches von Lewis H. Morgan, „Ancient Society, or Researches in the Lines of Human Progress from Savagery, through Barbarism to Civilization", London 1877, durchzusehen.[82] Dieses Buch diente bekanntlich Engels als wichtigste Materialquelle für sein Werk „Der Ursprung der Familie, des Privateigentums und des Staats". Die von Eichhoff schließlich zusammen mit Karl Kautsky besorgte Übersetzung erschien 1891 in Stuttgart unter dem Titel „Die Urgesellschaft. Untersuchungen über den Fortschritt der Menschheit aus der Wildheit durch die Barbarei zur Zivilisation".[83]

In seinen letzten Lebensjahren war Eichhoff viel von Krankheiten geplagt. Doch nahm er, wie auch seine Briefe an Engels zeigen, bis zuletzt mit kritischem Geist am politischen Leben und am Kampf der deutschen Sozialdemokratie lebhaft teil. Als er am 22. Mai 1895 in Stuttgart starb, verlor die sozialistische deutsche Bewegung einen jener nicht allzu zahlreichen Männer, die konsequent den Weg von der bürgerlichen Demokratie zur Arbeiterklasse, zum Marxismus gingen, weil sie erkannt hatten, daß der preußisch-deutsche Militarismus, der Todfeind der Nation, nur durch die gesammelte Kraft der revolutionären Arbeiterbewegung gebändigt und entmachtet werden konnte.

Der Nachruf, mit dem die revolutionäre deutsche Sozialdemokratie ihren Mitstreiter ehrte, schloß mit den Worten: „Das deutsche Proletariat wird dem braven Vorkämpfer ein dankbares Gedächtnis bewahren!"[14] Die hier vorgelegte Reproduktion seiner bedeutendsten Schrift soll dazu beitragen.

Heinrich Gemkow

LITERATURNACHWEIS

[1] W. I. Lenin: Karl Marx. In: W. I. Lenin: Werke, Bd. 21, S. 37.

[2] Vgl. hierzu Die I. Internationale in Deutschland (1864—1872). Dokumente und Materialien. Herausgegeben vom Institut für Marxismus-Leninismus beim ZK der SED und vom Institut für Marxismus-Leninismus beim ZK der KPdSU, Berlin 1964.

[3] Vgl. Marx an Kugelmann, 23. Februar 1865. In: Karl Marx: Briefe an Kugelmann, Berlin 1952, S. 25. — The General Council of the First International. 1864—1866. The London Conference. 1865. Minutes, Moscow 1962, S. 143 und 404, Anm. 140. — Marx an Liebknecht, 21. November 1865 und 15. Januar 1866. In: Wilhelm Liebknecht: Briefwechsel mit Karl Marx und Friedrich Engels. Herausgegeben und bearbeitet von Georg Eckert, The Hague 1963, S. 66—68 und 70—72.

[4] Vgl. hierzu Ernst Engelberg: Johann Philipp Becker in der I. Internationale. Fragen der Demokratie und des Sozialismus, Berlin 1964. — Rolf Dlubek: Johann Philipp Becker. Vom radikalen Demokraten zum Mitstreiter von Marx und Engels in der I. Internationale (1848 bis 1864/65). Dissertation, Berlin 1964, Manuskript.

[5] Vgl. hierzu Ernst Engelberg: Die Rolle von Marx und Engels bei der Herausbildung einer selbständigen deutschen Arbeiterpartei (1864 bis 1869). In: Zeitschrift für Geschichtswissenschaft, 1954, Heft 4, S. 509—537; Heft 5, S. 637—665. — Karl-Heinz Leidigkeit: Wilhelm Liebknecht und August Bebel in der deutschen Arbeiterbewegung 1862—1869. In: Schriftenreihe des Instituts für deutsche Geschichte an der Karl-Marx-Universität Leipzig. Herausgegeben von Prof. Dr. Ernst Engelberg, Bd. 3, Berlin 1957, bes. S. 53/54, 103 und 112. — Heinz Hümmler: Opposition gegen Lassalle. Die revolutionäre proletarische Opposition im Allgemeinen Deutschen Arbeiterverein 1862/63 — 1866, Berlin 1963, bes. S. 77, 89 ff. und 194 ff.

[6] Vgl. Rolf Dlubek/Ursula Herrmann: Die Magdeburger Sektion der I. Internationale und der Kampf um die Schaffung einer revolutionären Massenpartei der deutschen Arbeiterklasse. In: Beiträge zur Geschichte

der deutschen Arbeiterbewegung, 1962. Sonderheft: Beiträge zur Marx-Engels-Forschung in der DDR, S. 189 ff.

[7] Vgl. Liebknecht an Marx, 21. Januar 1866. In: Die I. Internationale in Deutschland (1864—1872). Dokumente und Materialien, S. 101/102. — Der Vorbote. Organ der Internationalen Arbeiter-Association (Genf), Erster Jg., Nr. 2, Februar 1866, S. 25 (Originalgetreue Reproduktion des „Vorboten" aus Anlaß des 100. Gründungstages der I. Internationale, Berlin 1963).

[8] Vgl. Wilhelm Liebknecht: Zwei Pioniere. In: Neue Welt, Jg. 1900, Nr. 17, S. 132. — Über die Korrespondenz von Metzner, Meyer und Vogt mit Karl Marx und Johann Philipp Becker vgl. Heinrich Gemkow: Zur Tätigkeit der Berliner Sektion der I. Internationale. In: Beiträge zur Geschichte der deutschen Arbeiterbewegung, 1959, Heft 3, S. 518/519 und 530/531. — Heinz Hümmler: Opposition gegen Lassalle, S. 77 und 201—203. — Georg Trübner: Johann Philipp Becker, ein Leben für die Freiheit (1809—1886), Habilitationsschrift, Jena 1957, S. 328. — Über den Nachdruck des Kommunistischen Manifests vgl. Bert Andréas: Le Manifeste Communiste de Marx et Engels. Histoire et Bibliographie 1848—1918. Herausgegeben vom Institut Giangiacomo Feltrinelli, Mailand 1963, S. 40—42.

[9] Vgl. Документы Первого Интернационала. Генеральный Совет Первого Интернационала 1866—1868. Протоколы, Москау 1963, S. 83. — Der Vorbote, Zweiter Jg., Nr. 7, Juli 1867, S. 109; Dritter Jg., Nr. 6, Juni 1868, S. 96.

[10] Vgl. die Versammlungsberichte in Die Zukunft (Berlin), März — Juni 1868. — Robert Krebs, seit August 1866 Vorsitzender des Berliner Arbeitervereins, war Mitglied der Internationalen Arbeiterassoziation. Vgl. Der Vorbote, Zweiter Jg., Nr. 8, August 1867, S. 124/125; Nr. 10, Oktober 1867, S. 153 und 160; Dritter Jg., Nr. 2, Februar 1868, S. 32; Nr. 10, Oktober 1868, S. 160.

[11] Vgl. Petsch an Marx, 11. Dezember 1859. Dieser Brief sowie alle im folgenden zitierten Briefe Eichhoffs und Dronkes befinden sich, meist in Fotokopie, im Archiv des Instituts für Marxismus-Leninismus beim ZK der KPdSU, Moskau. Die meisten von ihnen wurden in Fotokopie dem Institut für Marxismus-Leninismus beim ZK der SED, Berlin, freundlicherweise zur Verfügung gestellt, wofür auch an dieser Stelle herzlich gedankt sei. — Marx an Engels, 13. und 20. Dezember 1859. In: Karl Marx/Friedrich Engels: Werke, Bd. 29, S. 525/526 und 528. — Marx an Engels, 31. Januar 1860. In: Karl Marx/Friedrich Engels: Briefwechsel, II. Bd., Berlin 1949, S. 563. — Marx an Freiligrath, 29. Februar 1860. In: Karl Marx/Friedrich Engels: Ausgewählte Briefe, Berlin 1953, S. 144/145.

¹² Vgl. Wilhelm Eichhoff: Berliner Polizei-Silhouetten, Berlin 1860, S. 12—15.
¹³ Vgl. Landeshauptarchiv Brandenburg, Potsdam, Rep. 30 C, Tit. 94, Lit. E, Nr. 166 betr. den Literaten Karl Ludwig Wilhelm Eichhoff (neue Nr. 9673), fol. 58/59.
¹⁴ Vgl. die polizeilichen Stimmungsberichte in ebenda, fol. 22/23.
¹⁵ Ein Schreiben des Berliner Polizeipräsidenten Freiherrn von Zedlitz vom 1. Oktober 1860 läßt vermuten, daß die Schrift in 10 000 Exemplaren erschien. Das Vorwort wurde noch gesondert als Flugblatt gedruckt. Vgl. Deutsches Zentralarchiv II, Merseburg, Rep. 77, Tit. 343 A, Nr. 125 betr. die Denunciationen des Literaten Eichhoff gegen mehrere Polizeibeamte, Vol. I, fol. 118.
¹⁶ Vgl. ebenda.
¹⁷ Marx an Lassalle, 15. September 1860. In: Ferdinand Lassalle: Nachgelassene Briefe und Schriften. Herausgegeben von Gustav Mayer, Dritter Bd.: Der Briefwechsel zwischen Lassalle und Marx, Stuttgart-Berlin 1922, S. 331.
¹⁸ Marx an Lassalle, Ende Mai/Anfang Juni 1860. In: Ebenda, S. 305. — Wenige Wochen zuvor, Mitte April, hatte die Berliner Staatsanwaltschaft in erster und zweiter Instanz Marx' Verleumdungsklage gegen die Berliner „National-Zeitung" mit der grotesken Begründung abgelehnt, daß „kein öffentliches Interesse" vorliege, gegen den verantwortlichen Redakteur einzuschreiten. Vgl. Marx an Lassalle, 24. April 1860. In: Ebenda, S. 299/300.
¹⁹ Wilhelm Eichhoff: Berliner Polizei-Silhouetten. Zweite Serie, Berlin 1860, S. 86.
²⁰ Vgl. Karl Marx: Enthüllungen über den Kommunisten-Prozeß zu Köln. In: Marx/Engels: Werke, Bd. 8, S. 470.
²¹ Vgl. die ausführliche Urteilsschrift in DZA II, Merseburg, Rep. 77, Tit. 343 A, Nr. 125, Vol. III, fol. 89—111.
²² Wilhelm Eichhoff: Was das Preußische Volk erwartet, Berlin 1861.
²³ Vgl. LHA Brandenburg, Potsdam, Rep. 30 C, Tit. 94, Lit. E, Nr. 166, fol. 54/54a.
²⁴ Vgl. Volks-Zeitung (Berlin), 10. März 1861.
²⁵ Eichhoff an Marx, 16. Februar 1861.
²⁶ Vgl. die Briefe Eichhoffs an Marx, 1862/1863.
²⁷ Vgl. Engels an Marx, 8. April 1863. In: Marx/Engels: Briefwechsel, III. Bd., Berlin 1950, S. 160/161. — Karl Marx. Chronik seines Lebens in Einzeldaten, Moskau 1934, S. 217 und 228.
²⁸ Vgl. LHA Brandenburg, Potsdam, Rep. 30 C, Tit. 94, Lit. E, Nr. 166, fol. 70—74.

[29] Von Marx' Vertrauen in Eichhoff zeugt auch, daß er ihn beispielsweise im März 1868 mit der Übermittlung mündlicher Mitteilungen an Schweitzer beauftragte. Vgl. Eichhoff an Marx, 25. März 1868.

[30] Vgl. Die Zukunft, Februar — Juni 1868.

[31] Vgl. Eichhoff an Marx, 25. März 1868.

[32] Vgl. Eichhoff an Marx, 9. April 1868.

[33] Vgl. Eichhoff an Marx, 6. Juni 1868.

[34] Ebenda.

[35] Marx an Engels, 26. Juni 1868. In: Marx/Engels: Briefwechsel, IV. Bd., Berlin 1950, S. 79.

[36] Eichhoff an Marx, 29. Juni 1868. — Vgl. auch Engels' Brief an Marx vom 6. August 1868, in dem er schrieb: „Du hattest es ihm freilich auch leicht gemacht." In: Marx/Engels: Briefwechsel, IV. Bd., S. 98.

[37] Eichhoff an Marx, 12. Juli 1868.

[38] Vgl. Eichhoff an Marx, 20. Juli 1868.

[39] Vgl. Eichhoff an Marx, 30. Juli und 22. August 1868.

[40] Eichhoff an Marx, 12. Juli 1868.

[41] Vgl. Eichhoff an Marx, 18. Juli 1868.

[42] Der Vorschlag ist veröffentlicht in Heinrich Gemkow: Zur Tätigkeit der Berliner Sektion der I. Internationale, a. a. O., S. 523.

[43] Vgl. Eichhoff an Marx, 18. und 30. Juli sowie 8. August 1868.

[44] Marx an Engels, 4. August 1868. In: Marx/Engels: Briefwechsel, IV. Bd., S. 96. — Die Artikel vgl. in Die Zukunft, 25. und 29. Juli 1868 (Morgenausgaben).

[45] Vgl. Eichhoff an Marx, 18. und 22. Juli 1868. — Vgl. ferner Die Erstdrucke der Werke von Marx und Engels. Bibliographie der Einzelausgaben, Berlin 1955, S. 14.

[46] Eichhoff an Marx, 8. August 1868. — Während die Broschüre über den Buchhandel für 12 Silbergroschen verkauft wurde, betrug der Preis für Arbeiter nach dem Nürnberger Vereinstag nur 6 Silbergroschen. Vgl. Eichhoff an Marx, 24. Juni 1869.

[47] Wilhelm Eichhoff: Die Internationale Arbeiterassociation, S. 5.

[48] Zwar waren die Inauguraladresse und die Statuten der Internationalen Arbeiterassoziation in den vorangegangenen Jahren bereits mehrfach in deutscher Übersetzung in Zeitungen oder Zeitschriften veröffentlicht worden, doch bestand die Bedeutung der Eichhoffschen Übersetzung darin, daß sie von Marx autorisiert war und zudem völlig ungekürzt zu einem politisch äußerst günstigen Zeitpunkt erschien. — Über die 1868 bereits vorliegenden deutschsprachigen Veröffentlichungen der Inauguraladresse und der Statuten vgl. Répertoire internatio-

nal des sources pour l'étude des mouvements sociaux aux XIXe et XXe siècles. Volume II: La Première Internationale. Imprimés 1864—1876. Actes officiels du Conseil Général et des Congrès et Conférences de l'Association Internationale des Travailleurs, Paris 1961, S. 17/18.

[49] Vgl. Karl Marx: Instruktionen für die Delegierten des Provisorischen Zentralrats zu den einzelnen Fragen. In: Marx/Engels: Werke, Bd. 16. S. 190—199. — I. M. Kriwogus/S. M. Stezkewitsch: Abriß der Geschichte der I. und II. Internationale, Berlin 1960, S. 56 ff.

[50] The International Working Men's Association. Resolutions of the Congress of Geneva, 1866, and the Congress of Brussels, 1868, London o. J., S. 3. — Vgl. auch Marx/Engels: Werke, Bd. 16, S. 630, Anm. 136.

[51] Wilhelm Eichhoff: Die Internationale Arbeiterassociation, S. 5.

[52] Carl Hillmann: Die internationale Arbeiterassociation (1864—1871), ihre Geschichte, Programm und Thätigkeit. Separatabdruck aus dem „Correspondent für Deutschlands Buchdrucker und Schriftgießer", o. O. u. J. — Вера Засулич: Очерк истории Международного общества рабочих, Genf 1889.

[53] Engels an Schmuilow, 7. Februar 1893. In: К. Маркс и Ф. Энгельс: Сочинения, Bd. XXIX, Moskau 1946, S. 195/196. — Vgl. ferner Engels an Sorge, 17. Mai 1893. In: Briefe und Auszüge aus Briefen von Joh. Phil. Becker, Jos. Dietzgen, Friedrich Engels, Karl Marx u. a. an F. A. Sorge und andere, Stuttgart 1921, S. 395.

[54] Engels an Marx, 6. August 1868. In: Marx/Engels: Briefwechsel. IV. Bd., S. 98.

[55] Die Höhe der Gesamtauflage der Broschüre ließ sich bisher nicht feststellen. Aus einem Brief Eichhoffs an Marx vom 24. Juni 1869 geht hervor, daß bis zu diesem Zeitpunkt 246 Exemplare durch den Buchhandel und 150 durch Bebel verkauft wurden. Aus anderen Angaben dieses Briefes kann man die Vermutung schlußfolgern, daß insgesamt 1000 Exemplare gedruckt worden sein dürften. Einen Überschuß, den Eichhoff dem Generalrat zur Verfügung stellen wollte, hatte der Vertrieb der Broschüre bis Juni 1869 noch nicht ergeben.

[56] Demokratisches Wochenblatt (Leipzig), 19. September 1868.

[57] Vgl. beispielsweise Bachmann und Jungnickel an Marx, 15. November 1868. In: Die I. Internationale in Deutschland (1864—1872). Dokumente und Materialien, S. 287—290. — Korrespondenz aus Bielefeld. In: Demokratisches Wochenblatt, 31. Oktober 1868.

[58] Vgl. Eichhoff an Marx, 22. August 1868.

[59] Vgl. Bericht über den Fünften Vereinstag der Deutschen Arbeitervereine am 5., 6. und 7. September 1868 zu Nürnberg, Leipzig o. J., S. 21 und 40.

[60] Eichhoff an Marx, 7. September 1868. — Vgl. ferner den Brief vom 11. September 1868.
[61] Vgl. die Ausschlußerklärung in: Der Vorbote, Dritter Jg., Nr. 10, Oktober 1868, S. 160.
[62] Eichhoff an Marx, 11. September 1868.
[63] Eichhoff an Marx, 27. September 1868.
[64] Vgl. hierzu Heinrich Gemkow: Zur Tätigkeit der Berliner Sektion der I. Internationale, a. a. O., S. 527—530.
[65] LHA Brandenburg, Potsdam, Rep. 30 C, Tit. 95, Sect. 5 Vereine, Nr. A 37 betr. den Socialdemokratischen Arbeiterverein zu Berlin (neue Nr. 14 938), fol. 10.
[66] Demokratisches Wochenblatt, 24. Juli 1869.
[67] Vgl. Eichhoff an Marx, 2. Oktober und 21. Dezember 1868 sowie 14. Juli 1869.
[68] Vgl. Marx an Engels, 29. Januar und 5. März 1869; Engels an Marx, 7. März, 7. und 10. Mai 1869; Marx an Engels, 14. Mai und 26. Juni 1869. In: Marx/Engels: Briefwechsel, IV. Bd., S. 184, 199, 200, 226, 229/230 und 236. — Vgl. ferner Eichhoff an Marx, 24. Juni 1869.
[69] Vgl. Marx an Engels, 8. Mai 1869. In: Marx/Engels: Briefwechsel, IV. Bd., S. 227.
[70] Vgl. Eichhoff an Marx, 31. Oktober/1. November 1868.
[71] Vgl. Protokoll über die Verhandlungen des Allgemeinen Deutschen sozialdemokratischen Arbeiterkongresses zu Eisenach am 7., 8. und 9. August 1869, Leipzig 1869, S. 78.
[72] Vgl. Eichhoff an Marx, 28. und 29. Oktober 1874 sowie 3. März 1878. — Vgl. ferner Dronke an Engels, 20. November und 27. Dezember 1876.
[73] Vgl. Marx an Engels, 25. Mai 1876. In: Marx/Engels: Briefwechsel, IV. Bd., S.520/521. — Vorwärts (Berlin), 23. Mai 1895. — Vgl. hierzu auch Fritz Hartung: Bismarck und Graf Harry Arnim. In: Historische Zeitschrift. Herausgegeben von Ludwig Dehio und Walther Kienast, Bd. 171, Heft 1, S. 68. — Die Broschüre wurde sofort nach Erscheinen beschlagnahmt und verboten.
[74] Vgl. LHA Brandenburg, Potsdam, Rep. 30 C, Tit. 94, Lit. E, Nr. 166, fol. 86.
[75] Vgl. ebenda, fol. 87.
[76] Vgl. ebenda, fol. 87, 98, 100 und 105.
[77] Vgl. ebenda, fol. 98 und 104/105. — Vgl. ferner Eichhoff an Engels, 31. Dezember 1887.
[78] Vgl. Eichhoff an Engels, 26. Mai und 10. Juli 1883.

[79] Vgl. Eichhoff an Engels, 12. Januar und 3. März 1888.

[80] Vgl. Engels an M. Harkness, Anfang April 1888. In: Marx/Engels: Ausgewählte Briefe, S. 480—485. In diesem Brief erwähnte Engels auch seinen „Freund Eichhoff" und berichtete von Eichhoffs hoher Meinung über den Roman.

[81] Eichhoff bot die Übersetzung von „City girl" dem sozialdemokratischen Verleger J. H. W. Dietz in Stuttgart an. Dietz nahm sie auch an und wollte sie in einem für den Spätsommer 1888 geplanten neuen Journal, „Der Gesellschafter. Zeitschrift für die elegante Welt", veröffentlichen (vgl. Eichhoff an Engels, 18. März und 2. Juni 1888). Doch erblickte diese Zeitschrift nie das Licht der Welt. Ob der Roman dann an anderer Stelle in Deutschland publiziert wurde, ließ sich bisher nicht feststellen.

[82] Vgl. Eichhoff an Engels, 2. und 30. Juni sowie 26. November 1888.

[83] Vgl. hierzu Friedrich Engels im Vorwort zur 4. Aufl. seines Werkes „Der Ursprung der Familie, des Privateigentums und des Staats". In: Marx/Engels: Werke, Bd. 21, S. 481.

[84] Vorwärts, 23. Mai 1895.

INHALT

Wilhelm Eichhoff: Die Internationale Arbeiterassociation

1.	Stiftung der Association	3
2.	Schwierigkeiten im Beginn der Association	4
3.	Die Inauguraladresse von Karl Marx	5
4.	Die Statuten der Association	16
5.	Vorläufige Conferenz zu London, September 1865	19
6.	Congreß zu Genf, 3.—8. September 1866	20
7.	Congreß zu Lausanne, 2.—8. September 1867	26
8.	Die internationale Arbeiterassociation, die Gewerbe-Vereine (Trades' Unions) und die Arbeitseinstellungen (Strikes)	29
9.	Politische Thätigkeit des Generalraths der internationalen Arbeiterassociation	52
10.	Conflicte mit den Regierungen	54
11.	Ausbreitung der Association	73
Schluß		75

Heinrich Gemkow: Nachwort 81
Literaturnachweis 103

Diese originalgetreue Reproduktion
wurde anläßlich des 100. Jahrestages
der Gründung der Internationalen Arbeiterassoziation
(28. September 1864),
versehen mit einem Nachwort von Heinrich Gemkow,
herausgegeben

Diese Ausgabe erscheint als Band 6 der Reihe
„Bücher-Such-Dienst
Bibliothek gesellschaftswissenschaftlicher Neudrucke"
im Limmat Verlag, Zürich
1. Auflage 1964
Copyright by Dietz Verlag GmbH, Berlin